Monika Paar
Matthias Mann

NATURWANDERUNGEN IM WIENERWALD

Leopold Stocker Verlag
Graz – Stuttgart

Umschlagkonzeption: Atelier Geyer, Graz
Umschlagausführung: Reproteam, Graz
Umschlagfoto: DI. Monika Paar

Die Fotos im Textteil stammen von den beiden Autoren.
Titelfoto: Blick auf den Lainzer Tiergarten (M. Paar)

Der Verlag bedankt sich für die Leihgabe aller Fotos.

Die Autoren:
DI Monika Paar ist Absolventin der Universität für Bodenkultur in Wien. Sie beschäftigte sich bereits früh mit der Vegetation im Wienerwald und arbeitet derzeit am Umweltbundesamt, wo sie Naturschutzprojekte in Österreich und der EU bearbeitet.

Dr. Matthias Mann lebt im südlichen Wienerwald, ist von Beruf Biologe und arbeitet als freischaffender Vegetationsökologe.

ISBN 3-7020-1094-7

Printed in Austria
Layoutgestaltung: Klaudia Aschbacher, A-8111 Judendorf-Straßengel
Gesamtherstellung: Druckerei Theiss GmbH, 9431 St. Stefan

INHALTSVERZEICHNIS

Wiesenlandschaft bei Hochroterd

Grünes Blätterdach eines typischen Wienerwald-
Wanderweges im Frühsommer

The true mystery of the world is in the visible, not the invisible.

Oscar Wilde

VORWORT

„Der Wienerwald ist eine nicht unbedenkliche Landschaft. Alles leichtgeschwungen und duftig enteilend. Aber dahinter lauert eine gewisse Schwere, die Schwere der Wehmut, eine Gefahr für sehr gesunde Menschen; ja, für diese erst recht." Dies mag wohl Heimito von Doderer Anfang des vorigen Jahrhunderts so erschienen sein, aber für einen heutigen Wienerwaldbewohner bzw. -besucher ist diese Düsternis nicht unbedingt nachvollziehbar. Im Gegenteil, die Bergrücken mit ihren dichten Wäldern und den eingestreuten Waldwiesen vermitteln ein Gefühl der Geborgenheit, und sogar im laublosen Zustand sind sie weder düster noch trostlos. Was nachdenklich stimmt, ist jedoch die Entwicklung, die die Landschaft des Wienerwaldes in den letzten Jahrzehnten genommen hat. Die nahezu ungebremste Siedlungsentwicklung hat viele Gegenden im Wienerwald nachhaltig negativ verändert. Es ist jedes Mal wieder erschreckend, im Frühjahr zu beobachten, wie sich Bagger und Baugruben in die ehemals bunten Wiesen fressen. Diese großzügigen Flächen, die Dichter inspiriert haben und die sicher zu den bemerkenswertesten Naturgütern des Wienerwaldes zählen, sind vielerorts schon zerstört. Die Frage nach der künftigen Entwicklung drängt sich auf: Wird in wenigen Jahren die letzte Wiese verbaut sein und werden nur noch monotone Einfamilienhaussiedlungen das Landschaftsbild dominieren?

Aber auch die Bewirtschaftung der Wälder hat in den letzten Jahren eine Intensivierung erfahren. In meiner Kindheit waren alte Rotbuchenwälder die Regel, jetzt sind sie die Ausnahme. Angesichts dieser Entwicklungen kann tatsächlich Schwermut aufkommen. Bei den Beschreibungen der Wanderungen wird daher auch auf diese negativen Aspekte eingegangen, um den Wanderer und Naturinteressierten dafür zu sensibilisieren. Vielleicht setzt in den nächsten Jahren ja doch ein Umdenken ein – hoffentlich, ehe es zu spät ist!

Es gilt, die verbliebenen Naturschätze, die bis in unsere Zeit vor Zerstörung bewahrt geblieben sind, in ihrer Existenz zu sichern. Dazu zählen die ausgedehnten Wälder, die im Vergleich zu anderen Waldgebieten Mitteleuropas in dieser Höhenlage noch einen außerordentlich naturnahen Charakter aufweisen. Mit aller Rücksicht auf wirtschaftliche Aspekte, aber müssen die natürlichen Eichen- und Buchenwälder sukzessive schnellerwüchsigen Nadelbaumparzellen weichen oder von Fichten-, Föhren- oder Lärchen-Monokulturen durchsetzt werden?
Es geht auch um die Erhaltung der Wiesen, auf denen sich durch traditionelle Bewirtschaftung durch mehrere Jahrhunderte hindurch eigenständige Lebensgemeinschaften entwickelt haben. Und es geht schließlich darum, das besondere Gepräge des Wienerwaldes, die Vernetzung von Natur- und Kulturlandschaft, zu bewahren.

1. LEBENSRÄUME IM WIENERWALD

Der Wienerwald stellt eine Mittelgebirgslandschaft dar und ist als der nordöstlichste Ausläufer der Alpen gewissermaßen das „Nordkap der Alpen“ (W. Lazowski). Kalkvoralpen im Süden und Flysch- oder Sandsteinzone im Norden sind die beiden geologischen Einheiten, die den Wienerwald aufbauen und die zwei relativ unterschiedliche Landschaften formen. Die Berge des Kalk-Wienerwaldes sind im Gegensatz zu den abgerundeten Formen der Flyschzone schroffer und zerklüftet. Steilhänge mit Geröllschutthalden und kahle Felspartien treten hier hervor. Typisch sind auch Karst- und Höhlenbildungen, und die Böden sind oft flachgründig und trocken.
Der Sandstein-Wienerwald weist hingegen relativ abgeflachte Gipfel und breite Täler auf, auch die zahlreichen großen und kleinen Gräben (Tobel) sind charakteristisch. Die Böden sind tiefgründig und zum Teil ziemlich tonreich und schwer. Eine Wanderung nach Regenfällen kann daher zu einem ziemlich schlammigen Unternehmen werden. Bei starkem Regen können die Bäche innerhalb kurzer Zeit ein Mehrhundertfaches ihrer Niederwasserführung abführen und dadurch Wildbachcharakter annehmen. Ebenso

schnell geht das Hochwasser aber nach Abklingen der Niederschläge wieder zurück.
Klimatisch befindet sich der Wienerwald in einer Übergangszone zwischen kontinentalem (pannonischem) Klima im Osten und ozeanischem Klima im Westen. Dementsprechend unterschiedlich sind die Niederschlagsmengen. Die im Regenschatten liegende Ostabdachung des Wienerwaldes erhält bis zu einem Drittel weniger Niederschläge als der West- und Zentralteil.
Der Wienerwald bildet das größte geschlossene Waldgebiet Mittel- und Westeuropas. Der dominierende Waldtyp ist der Buchenwald. Die Rot-Buche, in weiterer Folge einfach Buche genannt, ist in Mitteleuropa auf gut durchlüfteten Böden unter durchschnittlichen Bedingungen, das heißt mittlere Höhenlagen und durchschnittliche Feuchtigkeitsversorgung, allen anderen Waldbaumarten an Konkurrenzkraft überlegen und somit unser Waldbaum schlechthin. In geringerer Höhenlage etwa, oder auf durchnäßten, schweren Böden, auf Trockenstandorten, in Gipfellagen und unter all den anderen von den durchschnittlichen Bedingungen abweichenden Verhältnissen gelangen andere Waldbaumarten zur Vorherrschaft. So kommen wir zu einer Gliederung der wichtigsten Waldgesellschaften des Wienerwaldes. Doch selbst der Buchenwald präsentiert sich im Wienerwald nicht einheitlich und ist je nach Standort in unterschiedlicher Ausprägung vorhanden.
Die sauersten Böden besiedelt der **Hainsimsen-Buchenwald**. Es ist ein lichter Wald, weil die Buche auf den meist ausgehagerten, nährstoffarmen Böden schlechtwüchsig ist. In der Krautschicht, die infolge des Lichtgenusses üppig, aber artenarm entwickelt ist, finden sich kalkmeidende Arten wie Weißliche Hainsimse, Heidelbeere, Besenheide, Gewöhnlicher Wachtelweizen, Draht-Schmiele und Wald-Haarmützenmoos. Der Hainsimsen-Buchenwald ist im Norden des Flysch-Wienerwaldes stärker verbreitet als im Süden, besonders über der Greifensteiner Decke. Der **Waldmeister-Buchenwald** auf relativ kalkarmem, lockerem Untergrund und frischen Böden besiedelt die nähstoffreicheren Standorte des Flysch-Wienerwaldes. Charakteristisch sind die hallenartigen Wälder mit ihren hellgrauen, glatten Stämmen und der, nachdem sich das Blätterdach im Sommer geschlossen hat, aufgrund des Lichtmangels ziemlich artenarmen

Strauch- und Krautschicht, die oft nur die schattenertragende Buchenverjüngung enthält. So kann die Buche alleine vorherrschen oder Tanne und Berg-Ahorn beigemengt sein. Waldmeister, Gewöhnlicher Frauenfarn, Echter Wurmfarn, Mauerlattich, Hasenlattich und Reichenbachs Veilchen sind charakteristische Arten des krautigen Unterwuchses. In tieferen Lagen, und nicht nur auf den Flysch-Wienerwald beschränkt, sondern auch im Kalk-Wienerwald über tiefgründigen, bisweilen auch wechselfeuchten Böden ist der **Wimperseggen-Buchenwald** anzutreffen. Er kommt an Hangverflachungen und Verebnungen zur Entwicklung. Neben der Wimper-Segge sind Wald-Bingelkraut, Waldmeister, Mandelblättrige Wolfsmilch und Frühlings-Platterbse typische Arten des Unterwuchses. **Bärlauchreiche Buchenwälder** finden wir auf relativ kalkreichen, gut mit Wasser versorgten, lockeren, nährstoffreichen Mullböden. Neben den ausgedehnten Bärlauch-Beständen ist das Auftreten zahlreicher Frühlingsgeophyten charakteristisch, zum Beispiel Südöstlicher Aronstab, Gelbes Windröschen, Hohler Lerchensporn, Gelbstern oder Scharbockskraut. Ausschließlich auf den Kalk-Wienerwald ist der **Trockenhang-Kalkbuchenwald** beschränkt. Wo über Kalk oder Dolomit auf bodentrockenen Hanglagen die Buche gerade noch in der Lage ist, bestandsbildend aufzutreten, gelangt sie aber nicht mehr zu optimaler Entwicklung. In den lichtreichen Beständen kann sich am Waldboden eine geschlossene Vegetationsdecke unter Vorherrschen von Weiß-Segge oder seltener auch Kalk-Blaugras ausbilden. Es ist ein artenreicher Buchenwald, der oft mit wärmeliebenden Waldgesellschaften verzahnt ist, wo es der Buche zu trocken wird. An Wald-Orchideen sind Rotes- und Schwertblatt-Waldvögelein, Kleinblättrige Stendelwurz, Vogelnestwurz und Waldhyazinthe charakteristisch.

Die geschilderten Buchenwald-Ausprägungen veranschaulichen die weite ökologische Amplitude der Buche. Aber gegen kontinentales Klima mit Spätfrösten und austrocknenden Winden ist die Buche empfindlich und meidet auch vernäßte Böden. Daher gelangt sie im Wienerwald mancherorts an die Grenze ihrer Existenzmöglichkeit. In tieferen Lagen erfolgt der Übergang zum **Eichen-Hainbuchen-Wald,** wobei sich die Trauben-Eiche auf trockene Standorte beschränkt und sowohl Hainbuche als auch Stiel-Eiche sich auf frischeren Böden auch noch behaupten können. Bis in Höhenlagen von circa 400

Metern hinauf ersetzen die artenreicheren Eichen-Hainbuchen-Wälder am Alpenostrand die Buchenwaldgesellschaften. Neben den genannten Baumarten sind auch Bergahorn und Sommer-Linde beteiligt. Die Grenzen zwischen Eichen-Hainbuchen-Wäldern und Buchenwäldern sind in der Natur nicht scharf ausgeprägt, sondern naturgegeben fließend. Es kommt zu Durchdringungen der Gesellschaften, wobei vor allem der **Labkraut-Eichen-Hainbuchen-Wald** im Kontakt zum Buchenwald steht. Die Hainbuche steht dabei oft anteilsmäßig im Vordergrund. Der krautige Unterwuchs weist auf vielfältige Ausbildungen hin. Große Sternmiere, Knolliger Beinwell, Buschwindröschen, Leberblümchen, Wald-Labkraut, Wimper-Segge, Einblütiges Perlgras, Wald-Knäuelgras und Hain-Rispengras sind oft anzutreffen, gelegentlich auch der Berg-Schwingel. Pannonisch getönt ist der **Traubeneichen-Zerreichen-Wald** der niedrigen östlichen und nördlichen Randgebiete des Wienerwaldes. Die Zerr-Eiche selbst erreicht hier die Grenze ihres südosteuropäischen Verbreitungsgebietes. In der lichten Strauchschicht stehen die Mehlbeere wie auch der Liguster mit seiner Tendenz, immergrüne Blätter auszubilden. Maiglöckchen, Schwalbenwurz, Schwärzende Platterbse, Weiß-Segge und Verschiedenblättriger Schwingel seien als oft anzutreffende Arten der Krautschicht genannt. Die Zerr-Eiche dominiert auch südexponierte Waldränder gegen das Innere des Wienerwaldes über die Gaadner Bucht bis in die Gegend um Maria-Raisenmarkt-Groisbach.
Eine weitere Eichen-Art, die Flaum-Eiche, erreicht aus dem submediterranen Gebiet den Wienerwald, und zwar an der Thermenregion und angrenzenden extremen Trockenstandorten. Der lichte, bis etwa 12 Meter Höhe erreichende **Pannonische Flaumeichen-Hochwald** besiedelt dort Südost- bis Südwest geneigte, stark sonnenexponierte Hanglagen. Eingriffeliger Weißdorn, Dirndelstrauch, Liguster, Warzen-Pfaffenkäppchen und Mehlbeere sind in der artenreichen Strauchschicht häufig anzutreffen; Purpurblauer Steinsame, Schwert-Alant und Rauhhaar-Alant sind in der Krautschicht charakteristisch.
Wenn die Wachstumsbedingungen noch extremer, d.h. trockenheiß, werden, geht der geschlossene Waldbestand in den **Flaumeichen-Buschwald** über. Er bietet mit seinem Artenreichtum den buntesten

und blumigsten Aspekt der Wienerwaldgesellschaften. Gewöhnliche Steinmispel, Felsenbirne und Gekrönte Kronwicke bilden den strauchigen Bewuchs zwischen locker stehenden, nur noch bis zu etwa 5 Meter hohen Flaum-Eichen. Dazwischen entwickelt sich ein Blütenmeer an Arten der östlichen Waldsteppen, des submediterranen Raumes, welche den Grundstock der mitteleuropäisch verbreiteten Arten bereichern. Hier trifft man auf Diptam, Frühlings-Adonis, Blutroten Storchschnabel, Aufrechten Ziest, Zypressen-Wolfsmilch, Bunte Wolfsmilch, Roßkümmel und gelegentlich auf die Adria-Riemenzunge.

Der Flaumeichen-Buschwald ist jene Waldgesellschaft, welche sich gegen trockenheiße Rasensteppen und offene Felssteppen hin aufzulösen beginnt und im Wienerwald mit derartigen waldfreien Kleinflächen als Vegetationskomplex eine „Waldsteppe“ bildet.

Eine weitere Waldgesellschaft, die ebenfalls bis zur Grenze der potentiellen Bewaldung vorzudringen vermag, und zwar gegen die offene Dolomit-Felslandschaft hin, soll im Anschluß genannt sein: der **Schwarzföhrenwald**. Als floristische Besonderheit unter den Waldbäumen des Wienerwaldes konnte die Schwarz-Föhre am Alpenostrand zumindest die letzte Eiszeit, die Würm-Eiszeit, überdauern und bildet über Dolomit eine sehr eigenständige, reliktäre Waldgesellschaft. Kennzeichnend sind Arten, die nach Rückgang der Vergletscherung wieder in alpine Bereiche aufsteigen konnten und die wir als Alpenpflanzen kennen, wie Kalk-Blaugras, Aurikel, Steinröserl oder Österreichisches Brillenschötchen. An Orchideen kann man im Schwarzföhrenwald Braunrote Stendelwurz, Netzblatt und Violetten Dingel finden.

Nun bleiben noch einige Sondergesellschaften zu besprechen; wir begeben uns zunächst in die Gipfelregion des Wienerwaldes. Wenn wir von einer Aussichtswarte zur unbelaubten Jahreszeit über die vom Rotbraun der Buchenkronen getönten Waldhänge blicken, so läßt sich in unmittelbaren Gipfelregionen ein Umschlagen dieser Farbtönung in ein weißliches Beige ausnehmen. Richten wir unsere Augen auf das nahe Geäst der Baumwipfel unter uns, lassen sich die schwarzen, dicken Knospenschuppen an den Triebspitzen deutlich erkennen und somit die Gewöhnliche Esche unschwer identifizieren. In den Gipfelregionen des Wienerwaldes hebt sich eine

eigene Waldgesellschaft von den Buchenwäldern ab, der **Gipfeleschenwald**. Neben der Esche sind es vor allem Linden, aber gelegentlich auch Feld-Ahorn und Berg-Ahorn, die hier mit der Esche vergesellschaftet sind. Bezeichnend sind die zahlreichen Frühlingsgeophyten, die zum Teil erst wieder tief unten, in den Auwäldern, auftreten, etwa Schneeglöckchen, Gelbstern, Lerchensporn-Arten, Moschuskraut und Südöstlicher Aronstab. Von eventuell umliegenden, deckenden Bärlauch-Beständen hebt sich die meist felsdurchsetzte Gipfelkuppe deutlich ab.
Auf nährstoffreichen Unterhängen, in feucht-kühlen Grabeneinhängen und schuttreichen Hangbereichen ist der **Schluchtwald** ausgebildet. Die Buche wird in dieser Waldgesellschaft von Berg-Ahorn, Spitz-Ahorn, Winter-Linde, Sommer-Linde, Berg-Ulme und Gewöhnlicher Esche verdrängt. Die Krautschicht ist bisweilen reich an Farnen (Männlicher Wurmfarn, Gewöhnlicher Frauenfarn), bezeichnend sind neben zahlreichen nährstoffliebenden Buchenwald-Arten die Großblättrige Mondviole und der Wald-Geißbart. Ein **bachbegleitender Auwald** säumt oft nur als schmales Band die Wienerwaldbäche. Neben der Schwarz-Erle sind an Baumarten häufig die Gewöhnliche Esche und Bruch-Weide, seltener Schwarz-Pappel, Silber-Pappel oder gar Grau-Erle beteiligt. In der Strauchschicht können Purpur-Weide, Traubenkirsche, Gewöhnlicher Schneeball und Faulbaum angetroffen werden, in der Krautschicht Kratzbeere, Großes Rührmichnichtan, Hänge-Segge, Hopfen, Brennessel und Klett-Labkraut. Flächig ausgebildete Auwälder mit durchnäßten Böden sind seltener. Dort sind Winkel-Segge, Sumpf-Segge, Bitteres Schaumkraut und Gewelltes Sternmoos anzutreffen. Die genannten Arten säumen auch nasse Forststraßengräben und kleine Waldtümpel.
Eine eigene Vegetation stellt sich auf **Kahlschlägen** ein, wobei es einerseits Arten sind, die sich durch Ausläufer oder Absenker rasch ausbreiten können, wie zum Beispiel Himbeere, Erdbeere oder die zahlreichen Kleinarten der Brombeere, andererseits durch flugfähige Früchte, die entwaldete Böden rasch besiedeln können, wie zum Beispiel Waldrebe, Land-Reitgras, Greiskräuter, Disteln, Goldruten und Weidenröschen. Buchenwälder, in denen sich die nächste Generation nicht unter dem schützenden Blätterdach ausbilden

konnte, werden nach flächigem Kahlschlag in Eschenwälder umgewandelt. Die Esche kann als Lichtkeimer in derart dichtem Jungwuchs heranwachsen, daß ein Aufkommen von anderen Baumarten kaum mehr möglich ist. Dieser Effekt wird von den Forstleuten als „Vereschung“ bezeichnet.

Eine besondere Bedeutung, nicht nur aus vegetationskundlicher Sicht, sondern auch als Lebensraum an sich, kommt den **Saumgesellschaften** der Waldränder zu. Sträucher, wie Heckenrosen, Weißdorn, Schlehdorn, Feld-Ahorn, Roter Hartriegel, Europäisches Pfaffenkäppchen und Liguster bilden den „Waldmantel“, der als wichtiges Element den Hochwald mit dem Offenland verzahnt. Singvögel ernähren sich von den vielfach fleischigen Früchten und bauen wie die Haselmaus im Schutz des von Waldreben durchwachsenen Dickichtes ihre Nester. In der Krautschicht können wir hier zum Beispiel Odermennig, Blasenkirsche, Dürrwurz, Knoblauchsrauke und Scharbockskraut antreffen.

Durch stellenweise Rodung der Wälder entstanden die **Wiesen** und **Weiden**, die Ersatzgesellschaften für die Wälder darstellen. Die Wiesenvegetation entwickelte sich durch die jahrhundertelange Bewirtschaftung (regelmäßige Mahd oder Beweidung) und ist daher auch von dieser abhängig. Bei Ausbleiben der Mahd erfolgt die Rückentwicklung zum Wald über verschiedene Verbrachungs- und Verbuschungungsstadien. Schon nach wenigen Jahren ausbleibender Mahd nimmt die Artenvielfalt der Wiesen rapide ab, und Reitgras sowie andere Brachepflanzen breiten sich aus. Abhängig von Boden, Wasserversorgung und Bewirtschaftung bilden sich unterschiedliche Wiesentypen aus. – Die typische Wienerwaldwiese ist eine wechselfeuchte bis wechseltrockene Glatthaferwiese, die zweimal im Jahr gemäht und nur mäßig mit Stallmist gedüngt wird. Das Ergebnis sind bunte Wiesen mit Margeriten, Glockenblumen, Wiesensalbei und Mädesüß sowie eventuell Orchideen im Frühjahr, um nur einige besonders ins Auge fallende Arten zu nennen. Daneben findet man auf trockeneren Standorten Trespen-Halbtrockenrasen, in feuchteren Lagen Kohldistelwiesen oder gar Flachmoore mit Davall-Segge. Pfeifengraswiesen, die nur einmal im Jahr im Spätherbst gemäht werden, sind selten geworden und außerhalb von Naturschutzgebieten kaum mehr zu finden.

2. DER MENSCH IM WIENERWALD

Der Wienerwald blieb, kulturhistorisch gesehen, lange Zeit von menschlichen Einflüssen unberührt. Die undurchdringlichen und von Raubtieren wie Bär, Wolf und Luchs besiedelten Wälder wurden von den Menschen der Steinzeit und der Bronzezeit gemieden. Erst zu Römerzeiten wurden hier Straßen angelegt, und entlang dieser Straßen entstanden auf Lichtungen erste Ansiedlungen mit Landwirtschaft, wie beispielsweise die Villa Leone beim Laaber Tor im Lainzer Tiergarten (siehe Wanderung Laaber Tor-Runde).
Westgoten, Hunnen und Langobarden, die während der Völkerwanderungszeit durchzogen, mieden als Reitervölker ebenfalls das Waldgebiet, und erst um 800 entstanden im Bogen rund um Wien bayrische Ansiedlungen, die sprachlich durch die -ing-Endung erkennbar sind, beispielsweise Grinzing, Sievering, Ottakring, Hacking, Speising oder Hietzing. Erste fränkische Kolonisationsversuche des Wienerwaldes reichen bis ins 11. Jahrhundert zurück, diese waren jedoch vorerst räumlich ziemlich begrenzt. Bedingt durch den Jagdbann der Babenberger, der eine Besiedlung verhinderte, blieben weite Gebiete im zentralen Wienerwald lange Zeit menschenleer, wie etwa die Gegenden um Kierling, Weidling, Purkersdorf, Mauerbach, Laab, Kaltenleutgeben, Sulz, Grub oder Alland. Veränderungen ergaben sich erst Ende des 17. Jahrhunderts, als Holzknechte aus Bayern, Schwaben, Oberösterreich und Salzburg angesiedelt wurden, um eine systematische Holznutzung durchzuführen, die Wien mit Bauholz zu versorgen hatte. Entsprechend ihrer Herkunft übertrugen diese Pioniere des Wienerwaldes ihre alpine Wirtschaftsweise in den Wienerwald. Sie rodeten kleinere Waldstücke und betrieben hier Grünlandwirtschaften, die sich auf die Haltung von ein bis zwei Kühen oder einige Schafe und Ziegen beschränkten. Als Unterkünfte errichteten sie die heute nur mehr zu einem kleinen Teil erhaltenen charakteristischen „Duckhütten“, einfache Bauwerke mit dreiteiligem Grundriß, bestehend aus Vorraum, Stube und Stall. Eine abgetrennte Küche war in den meisten Fällen nicht vorhanden, diesen Zweck erfüllte ein gemauerter Herdplatz im Vorraum. Ein Exemplar dieser ganz wenigen noch erhaltenen Duckhütten befindet sich im Dambachtal bei Purkersdorf, und man

kann auf der Wanderung „Gipfelkreuz und Gipfelbuch“ einen Blick auf dieses Relikt aus lange vergangenen Zeiten werfen. Die Duckhüttler trugen somit ganz wesentlich zur Landschaftsgestaltung im Wienerwald bei, da sie im dichten Waldgebiet offene Flächen schufen, die planmäßig über die gesamte Waldfläche verteilt waren, ging es doch darum, abhängig von der Zahl der Holzarbeiter, eine bestimmte Fläche Waldes zu bewirtschaften.

Mitte des 18. Jahrhunderts wurde dieser Wiesenreichtum des Wienerwaldes noch dadurch einzementiert, daß es ein Verbot des Landesjägermeisteramtes gab, die Wiesen in Ackerflächen umzuwandeln. Viele isoliert im Wald liegende Hüttlerkolonien wurden jedoch Mitte des 19. Jahrhunderts wieder aufgelöst, und damit verschwanden auch die Wiesen rund um die Duckhütten.

Völlig anders verlief die Landschaftsentwicklung in den Randbereichen des Wienerwaldes, der Abdachung Richtung Tullner Feld und Wiener Becken. Die in den Gunstlagen der Ebenen schon weit entwickelte Landwirtschaft drang entlang der Täler und Einhänge in den Wienerwald vor. Vor allem die expositionsbedingten Gunstlagen an den Abhängen des Wienerwaldes erlaubten Wein- und Obstbau. Streuobstwiesen und Weingärten, meist durchsetzt mit Acker- und Grünlandflächen, sind charakteristisch und auch heute noch hier zu finden. Dieses Nebeneinander verschiedener Lebensräume bewirkt eine hohe Artenvielfalt, weswegen diese Gebiete heute zu den Zentren der Biodiversität in Österreich zählen.

Zur Biedermeierzeit erlebte der Wienerwald einen Aufschwung, indem die städtische Bevölkerung den Wienerwald als Erholungsraum entdeckte. Der darauffolgende Bau der Südbahn (1841) und der Westbahn (1856–58) ermöglichte dann auch eine weitere Besiedlung entlang der Bahnlinien. Ausflugsgasthäuser, Aussichtswarten und Landpartien boomten, und Tourismusvereine begannen mit der Anlage markierter Wanderwege. In einem Buch mit dem Titel „ Der Tourist auf der Westbahn von Wien bis Linz nebst Ausflügen in den Wienerwald“ von 1859 wird Ausflüglern allerdings noch folgender Rat für Ausflüge in der Gegend von Preßbaum oder Hochstraß gegeben:

„Ein weites und lohnendes Feld zu Spaziergängen und Wanderungen ist in diesen Waldgegenden. Im Detail können sie hier nicht angegeben werden, da bei den vielfachen Kreuzungen und Ver-

schlingungen der Waldwege solche Ausflüge stets nur in Begleitung eines der Gegend kundigen Führers angetreten werden sollten, welcher für wenige Groschen in jeder Hütte leicht gefunden werden kann." Vielfache Kreuzungen und Verschlingungen der Waldwege gibt es auch heute noch, aber wir hoffen, Ihnen mit unserem Büchlein ebenfalls einen kundigen Führer mitzugeben.
Zu dieser Zeit entstanden auch viele der Sommerfrische-Villen entlang der Westbahn, die vom vornehmen Wiener Bürgertum während der Sommermonate bewohnt wurden (siehe Wanderung „Gründerzeitvillen und Jogger"). Aber auch Tagesausflügler kamen an den Wochenenden, für die auf der Westbahn Sonderzüge eingeschoben werden mußten. Und alle kamen aus dem einen Grund, weswegen der Wienerwald bekannt und berühmt ist und auch heute noch besucht wird, „wegen der guten Luft".
Im 20. Jahrhundert entstanden zahlreiche neue Siedlungen auf den Wiesen des Wienerwaldes. Vor allem in der zweiten Hälfte des 20. Jahrhunderts wollte nahezu jeder Wiener sein Wochenendhaus im Grünen haben, und es kam zu einem starken Anstieg der Zweitwohnsitze mit all den negativen Begleiterscheinungen wie der immer weiter fortschreitenden Zersiedelung der Landschaft und der starken Zunahme des Verkehrs. Die Landwirtschaft verlor bzw. verliert zur Zeit immer mehr an Bedeutung und wird vielfach nur mehr im Nebenerwerb betrieben. Die landwirtschaftliche Nutzfläche hat im gesamten Wienerwald in den letzten Jahrzehnten abgenommen, besonders drastisch im südlichen und südwestlichen Teil (25 % zwischen 1973 und 1990). Ursache dafür ist die Umwandlung in Wohn- und Betriebsgebiete. Viele der meist kleinen Betriebe hören im Zuge des Generationenwechsels mit der Landwirtschaft auf und verpachten die Flächen. Der Wienerwald ist europaweit gesehen ein kaum bis nicht wettbewerbsfähiger Grünlandstandort (wenig Niederschlag, geringe Erträge), und die Zahl der landwirtschaftlichen Betriebe wird daher weiter abnehmen. Daß sich die Wienerwaldlandschaft dadurch noch weiter verändern wird, ist zu erwarten, und Lösungen sind daher gefragt. Peter Altenberg schrieb 1908 über die Wiesen in einem Wienerwaldtal:
„Ganz von dunklem Wald umsäumt, wie ein riesiger Teich von hellem grünem Grase. Gleichsam ein jungfräulicher Grasboden. So

sind die Wiesen dort, wo noch keine Entdecker hingekommen sind, so waren die Wiesen, bevor es Menschen auf der Erde gab. Verlorene Baumgruppen stehen da wie kleine Inseln, ein bißchen Schatten spendend für niemand. Man müßte ein Büchlein schreiben nur über die Wiesen."

Wie man sieht, sind die Wiesen für viele der Inbegriff der unberührten Natur, tatsächlich sind sie jedoch erst durch Rodung des Waldes und jahrhundertelange Bewirtschaftung durch den Menschen entstanden. Wenn diese nicht mehr stattfindet, entwickeln sie sich zum Wald zurück und der Wienerwald wird wieder dunkler.

3. WELCHER WANDERTYP SIND SIE?

Diese Frage mag seltsam anmuten, aber tatsächlich kann man die Menschen, die Natur und Landschaft nutzen, und das kann auf die vielfältigste Art und Weise geschehen, verschiedenen Typen zuordnen. Speziell für die Wienerwaldlandschaft lassen sich drei hauptsächliche Nutzertypen unterscheiden

- der „Linientyp"
- der „intensiv-stationäre Typ"
- der „Flächentyp"

Der **„Linientyp"** ist dadurch gekennzeichnet, daß die Erholung auf markierten Wanderwegen und Straßen stattfindet, hinzu kommt noch ein Bereich von etwa 50 Meter links und rechts dieser Linie. Zu diesem Typ zählen etwa 97 % der Erholungssuchenden; die von diesem Typ ausgeübten Aktivitäten sind Wandern, Spazierengehen, Laufen, Radfahren, Hund ausführen, Natur beobachten,...

Der **„intensiv-stationäre Typ"** ist ganz anders, er findet seine Erholung in unmittelbarer Nähe einer Erholungseinrichtung, das mag ein Gasthaus, eine Liegewiese, ein Picknickplatz, eine Schipiste, eine Aussichtswarte oder ein Grillplatz sein. Diese Form der Erholung spricht rund 30 % der Erholungssuchenden im Wienerwald an.

Der „**Flächentyp**“ ist nicht so bescheiden, er nutzt das zur Verfügung stehende Erholungsgebiet flächendeckend und unabhängig von vorgegebenen Wegen und Straßen. Zu den Aktivitäten, die von diesem Typ ausgeübt werden, zählen Querfeldeinwandern, -reiten, -radfahren, -laufen, Schwammerlsuchen, Blumenpflücken, Jagen (ca. 20–30 % der Erholungssuchenden).

Rückschlüsse auf die Charaktereigenschaften der einzelnen Nutzertypen sind erlaubt und zulässig (z.B.: Ist der Flächentyp tatsächlich der Individualist, der er vorgibt zu sein? Oder sind Menschen, die nur markierten Wegen folgen, eher vorsichtige Naturen?)

Welche Art der Erholung Sie auch bevorzugen: der vorliegende Wanderführer wird Sie dazu begleiten und Ihnen hoffentlich den Genuß bereiten, den die Autoren bei seiner Erstellung hatten.

4. SO FINDEN SIE DIE RICHTIGE WANDERUNG

Bei einer Wanderung hängt viel davon ab, zur richtigen Zeit am richtigen Ort zu sein und sie darüber hinaus der Stimmung und Kondition anzupassen. Die gerade passende Wanderung zu finden, ist daher sehr wichtig. Aus diesem Grund enthalten die nachfolgenden Beschreibungen der Wanderungen zur ersten Orientierung und zur Einschätzung, was den Wanderer erwartet, Angaben zu folgenden Punkten:

- Dauer
- Genußfaktor
- Anstrengungsfaktor
- Kartenblatt
- Länge
- Höhenamplitude
- Bevorzugte Jahreszeit:

Die **Dauer der Wanderung** bezeichnet jetzt nicht unbedingt nur die reine Gehzeit, abhängig von den zurückgelegten Kilometern, son-

dern ist jene Zeit, die Sie sich nehmen sollten, um die Wanderung auch intensiv zu erleben. Strecken durch interessantes Gebiet dauern demnach länger als jene, die man rasch abhaken kann.
Der **Genußfaktor** reicht von 1 bis 5 und bedeutet, je höher der Genuß, desto höher die Zahl: Faktor 5 bezeichnet somit den höchsten Genuß. Maßgeblichen Einfluß auf den Genußfaktor haben die Naturnähe der Lebensräume und der Abwechslungsreichtum der Landschaft. Letzterer wird von visuellen Qualitäten wie dem Wechsel zwischen Wald und Wiese bestimmt. Grund dafür sind die kontrastierenden Raum-Empfindungen im Wechsel zwischen 18–25 m hohen Wäldern und den angrenzenden halbmeterhohen Wiesen, also zwischen Undurchdringbarkeit und Überschaubarkeit. Das Wegenetz im Wienerwald bietet diesen Szeneriewechsel in spielerischer Abfolge. Durchschnittlich findet man 8 Szeneriewechsel auf einer Strecke von 10 km (im nördlichen Wienerwald bis zu 12 Szeneriewechsel / 10 km, im südlichen Wienerwald 5 Szeneriewechsel / 10 km).
Beim **Anstrengungsfaktor** ist es ebenso, je höher die Zahl, desto höher die Anstrengung. Der Anstrengungsfaktor ist abhängig von den zu bewältigenden Höhenmetern, der Länge der Strecke und der Eindeutigkeit der Streckenführung. Da der Wienerwald zwar noch zu den Alpen zählt, aber die Berggipfel hier schon deutlich an Höhe verloren haben, braucht niemand eine Wanderung wegen zu hoher Anstrengung auszuschließen.
Die Routen im Gelände sind in Form einer Skizze dem Text beigefügt und dienen der groben Orientierung. Daher ist es ratsam, die entsprechende Österreichkarte mitzuführen, um Verirrungen hintan zu halten Für jede Wanderung ist das entsprechende **Kartenblatt** der Österreich-Karte des Bundesamtes für Eich- und Vermessungswesen (Maßstab 1:50.000, oder vergrößert auf 1:25.000) angegeben.
Die **Länge** der Wanderung ist in Kilometern angegeben, und die **Höhenamplitude** bezeichnet den höchsten sowie den tiefsten Punkt der Wanderung.
Da die Wanderungen die Vegetation in den Mittelpunkt stellen, ist die **Jahreszeit** für die Auswahl von ausschlaggebender Bedeutung. Natürlich kann man auch alle Wanderungen zu jeder Jahreszeit ma-

chen (was durchaus auch seinen Reiz haben kann), aber die in den Beschreibungen erwähnten und beschriebenen Phänomene wird man am besten zu der unter „Bevorzugte Jahreszeit“ angegebenen Jahreszeit finden.

Skizzen-Legende

Doppelstrich: öffentliche Straße
Dicker Strich: Route
Dünner Strich: Forststraßen
Dunkle Flächen: Wiesen oder Äcker

Ruine der Klosterkirche von Riederberg

Sandsteinrundlinge hinter dem ehemaligen Klostergebäude

1 RIEDERBERG – AUF ALTEN WEGEN

Die Abhänge des Wienerwaldes zum Tullner Feld zählen zu den Zentren der Biodiversität[1] in Österreich – als Draufgabe gibt's bei dieser Wanderung noch die mystische Ruine eines mittelalterlichen Klosters.

Dauer: 2 Stunden
Anstrengungsfaktor: 2–3
Kartenblatt: ÖK 58 Baden, 39 Tulln
Bevorzugte Jahreszeit: Frühling, Herbst
Genußfaktor: 3–4
Länge: 5 km
Höhenamplitude: 250–420 m

Zugegebenermaßen muß man, um zum Anfangspunkt der Wanderung zu gelangen, zuerst den Riederberg hinunterfahren (so man von Richtung Wien kommt), um ihn dann wieder bergauf zu gehen. Das mag ineffizient anmuten, hat aber seinen tieferen Sinn – der Weg bergauf ist nämlich um einiges attraktiver als jener bergab, und so wird man beim Bergaufgehen von abwechslungsreicher Wiesenlandschaft entschädigt, während der Weg bergab teilweise durch Kahlschläge führt.
Die Route über den Riederberg stellt eine sehr alte Verbindung von Wien Richtung Westen dar. Parallel zur alten Reichsstraße nach Linz, der heutigen B1, verlief über den Riederberg bereits eine römische Straße. Noch heute kann man bei der Laabacher Weinschenke (zwischen Gablitz und Riederberghöhe) Reste der antiken Pflasterung erkennen.
So, aber die Wanderung beginnt in dem kleinen Ort Ried / Riederberg am Fuße des Riederberges, wo man zunächst dem markierten Weitwanderweg 475 folgt, der hinter der Kirche vorbeiführt und alsbald in die Wiesenhänge überleitet. Diese Abhänge des Wienerwaldes zum Tullner Feld, die sich von Sieghartskirchen bis St. Andrä-Wördern ziehen, sind durch eine besonders reizvolle und ökologisch höchstwertige Landschaft gekennzeichnet. Großflächig gibt es hier noch Mosaike von Wiesen, Trockenrasen, Hecken und Wäldchen sowie Wein- und Obstkulturen. Leider kommt es in letzter Zeit immer häufiger zur Aufgabe der Wiesennutzung und in der Folge zur

1 Biologische Artenvielfalt

Verbrachung und dem Zuwachsen mit Gehölzen oder einer Umwandlung der Nutzung (leider auch durch die eine oder andere Christbaumkultur). Vordringliches Naturschutzziel ist hier die Erhaltung aller noch genutzten Trockenwiesen und die Verhinderung der weiteren Verbauung.
Die Wiesen sind zu allen Jahreszeiten sehenswert, natürlich am prächtigsten vor der ersten Mahd im Juni / Juli, aber auch im Spätsommer, wenn lila blühende Wiesenflockenblumen dominieren. Die Übergangszone zwischen Wald und Wiese, der Waldrand und der Waldsaum, sind hier ebenfalls sehr artenreich ausgebildet, Maiglöckchen bzw. deren Blätter und der gelb-violett blühende Waldwachtelweizen springen einem dabei ins Auge.
Nachdem zwei Wiesenhänge bezwungen sind, führt der Weg in den Wald. Gleich nach der Überquerung eines Bachlaufes weist schon ein Schild zur Klosterruine, die nach wenigen Minuten erreicht ist. Ein wahrlich mystisches Terrain wird nun beschritten – auch unsensiblere Gemüter können sich der hier vorherrschenden eigenartigen Stimmung nicht verschließen. Der Platz war vermutlich schon zu prähistorischen Zeiten eine Kultstätte. Die Ruinenreste eines der wohl geheimnisvollsten Klöster Österreichs tragen das ihre zur noch heute spürbaren Aura des Ortes bei. In der Tat war dem Franziskaner-Kloster keine sehr glückliche Geschichte beschieden: Zwischen 1455 und 1470 errichtet, kam es im August 1509 zu einer ersten Katastrophe, einem verheerenden Brand, dessen Schäden erst nach acht Jahren wieder halbwegs beseitigt waren. Im Zuge des Wiederaufbaus wurde dann die einschiffige gotische Kirche errichtet, deren Langhausmauern heute noch zum Teil zu sehen sind. Die zweite Katastrophe ereignete sich 1529, als die Türken das Kloster überfielen, die Anlage niederbrannten und die Mauern so weit wie möglich dem Erdboden gleichmachten. Dabei wurden 22 Fratres teils ins Feuer geworfen, teils durch das Schwert getötet, so die Aufzeichnungen. Nun ja, das war wohl dann auch der Grund für den Beschluß auf der Provinzialsynode von Langenlois 1530, das Kloster Santa Maria in Paradyso endgültig aufzugeben. Wer jetzt noch nicht im Bann dieses Ortes ist, der sollte den links oberhalb der Quelle liegenden ehemaligen Steinbruch aufsuchen und die Sandsteinrundlinge, riesige Steinkugeln mit bislang ungeklärten Ausmeißelungen

(auch „Keltensteine“ genannt), besichtigen. Einige dieser wundersamen Kugeln ragen aus dem Hang heraus, andere liegen verrollt an der Längsmauer des ehemaligen Klostergebäudes. Daß die Einkerbungen Rinnen für das Blut heidnischer Menschenopfer sein sollen, liegt wohl eher im Bereich der Märchen und Sagen. Wahrscheinlicher ist, daß es sich dabei um mißglückte Spaltungsversuche der Kugeln handelt. An der Quelle vorbei, der heilsame Kräfte zugeschrieben werden, verlassen wir nun ein halbes Jahrtausend Kulturgeschichte im Wienerwald.
Der Weg führt leicht bergauf, und nach etwa einem Kilometer sieht man die Häuser einer Siedlung. Von hier geht's auf der grünen Markierung wieder zurück Richtung Ried / Riederberg. Ein nicht allzu oft begangener Weg, der ziemlich überwuchert ist mit einer Knöterich-Art, dem Wasserpfeffer, der gemäß seinem Namen wirklich sehr scharf schmeckt und ein Zeiger für nasse, schwere und außerdem saure Böden ist.
Nun kommt der versprochene Kahlschlag – aber nichts Schlechtes, wo nicht auch was Gutes: durch die Freifläche hat man einen wunderbaren Ausblick auf das Tullner Feld, die Donau-Auen und das dahinter liegende Weinviertel. Richtung Westen erkennt man den Buchberg (jener mit den beiden Wiesen am Gipfel) und die Johanneskapelle. Plötzlich fällt die gelbe Färbung des Bodens auf. Es ist Löß – ein äolisches Sediment –, der hier in die Randbereiche des Wienerwaldes während der letzten Eiszeit eingeweht wurde. Löß bildet einen nährstoffreichen Boden, der auch für anspruchsvolle Pflanzen geeignet ist. Dies ist auch ein Grund, weshalb an den Abhängen des Wienerwaldes Weinkulturen zu finden sind.
Mit Blick auf den Ort und die Kirche durchquert man die Wiesen, die zu den landschaftsökologischen Kleinoden dieser Gegend zählen, und ist innerhalb weniger Minuten wieder am Ausgangspunkt der Wanderung angelangt.

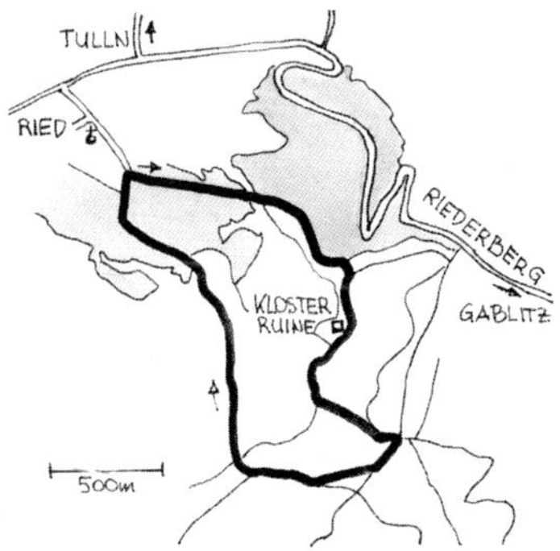

Hallenartige Rotbuchenwälder oberhalb satter Wiesen

Verträumte Wiesenlandschaft in der Bonna

Vom Aussterben bedroht: die Sibirische Schwertlilie

2 PICKNICK IM GRÜNEN

Botanisch interessante Wiesenwanderung mit lukullischen Genüssen verbinden.

Dauer: Gehzeit 45 Minuten
Anstrengungsfaktor: 1–2
Kartenblatt: ÖK 57 Neulengbach
Bevorzugte Jahreszeit: Frühling
Genußfaktor: 5
Länge: 2,7 km
Höhenamplitude: 245–350 m

Der Ausgangspunkt der Wanderung befindet sich in der Bonna, am Ortsrand von Rappoltenkirchen (hier nimmt man die Abzweigung Richtung Bonna, auf der Bonnastraße dann bis zu einem nach rechts abzweigenden Schotterweg).

Der Schotterweg geht leicht bergauf und führt zu Beginn an zwei Häusern vorbei, letzteres, ein ehemaliges Bauernhaus, wird von der Besitzerin der Wiese bewohnt. Bewirtschaftet wird die Wiese jedoch von einem Bauern aus Rappoltenkirchen. Frau Staffenberg ist eine Naturliebhaberin, und Spaziergänger, die bei ihr vorbeikommen, werden über die seltenen Pflanzen, die auf ihrer Wiese gedeihen, aufgeklärt und dann zur Besichtigung vor Ort eingeladen.

Der Schotterweg geht danach in einen Wiesenweg über, und die Wiese liegt nun in ihrer ganzen Pracht vor uns. Die schönste Zeit ist sicher von Ende April bis zum Zeitpunkt der ersten Mahd, das ist meist Mitte bis Ende Juni.

Der große Wiesenkomplex besteht aus mehreren Teilbereichen, die durch kleine Waldstücke und Hecken voneinander getrennt sind.

Auf dem Wiesenweg passiert man ein kleines Feuchtgebiet, in dem die blauviolett blühende Sibirische Schwertlilie (*Iris sibirica*) im Juni zu bewundern ist. Sie ist stark gefährdet, denn sie verträgt weder Entwässerung oder Düngung noch wiederholten Schnitt. Diese Ansprüche können ihr, bedingt durch die heutige, meist intensiv betriebene Grünlandwirtschaft nur mehr wenige Restflächen bieten.

Bei einem Apfelbaum bietet ein plattformartiger Hochsitz die Möglichkeit zu einer ersten Rast. Der Baum ist mit Misteln übersät, eine von vielen Mythen und Spekulationen umrankte Pflanze. Neben ihrer Bedeutung als Heilpflanze gehört der Halbschmarotzer zu jenen

Pflanzen, die zur Weihnachtszeit aktuell werden – Briten sollen sich Weihnachten ohne Mistelzweige gar nicht vorstellen können. Besonders Kußfreudige nützen den Brauch, jede(n), der sich absichtlich oder unabsichtlich darunter befindet, zu küssen. Ursprünglich meinte man, daß die Mistel Dämonen abwehren könne. Möglicherweise werden böse Geister auch durch einen Kuß vertrieben. Schaden kann jedenfalls beides nicht.

Vorbei geht es an einer weiteren Feuchtstelle und an einem riesigen alten Mostbirnenbaum. Beeindruckend ist der Anblick des blühenden Birnbaumes im April. Im Gegensatz zu den Tafelbirnen-Sorten, von denen nicht allzu viele existieren, ist die Anzahl der verschiedenen Mostbirnen-Sorten sehr groß – das nieder- und oberösterreichische Alpenvorland wird als das europäische Gen-Zentrum der Mostbirne angesehen. Mostbirnenbäume erreichen mit Leichtigkeit ein Alter von 200 bis 300 Jahren – in einigen Teilen Österreichs existieren noch heute Bestände aus der Zeit Maria Theresias. Dieses Exemplar hier ist sicher auch schon über hundert Jahre alt, und ihm wurde von Frau Staffenbergs Bruder, einem Dichter, sogar ein Gedicht gewidmet.

Der obere Bereich der Wiese ist trockener und nährstoffärmer als der untere Hang. Im April kann man hier die ersten Orchideen, beispielsweise das sehr düngeempfindliche Kleine Knabenkraut (*Orchis morio*) mit seinen purpurnen Blüten, entdecken. Die Wiese wird seit einiger Zeit nicht mehr mit Kunstdünger gedüngt, daher kommt eine bunte Vielfalt von seltenen und gefährdeten Pflanzenarten vor.

Nun hält man sich links und überquert am Waldrand entlang einen kleinen Graben. Jetzt kommt ein kleiner Wiesenteil, der schon einige Jahre nicht mehr gemäht wurde und auf dem die Rückentwicklung von der Wiese zum Wald stattfindet. Die Artenvielfalt geht dabei drastisch zurück, aus der artenreichen Wiese wurde eine von Reitgras und aufkommendem Gebüsch dominierte Brachfläche.

Nachdem man diese Fläche überquert hat, steht man plötzlich auf einem Wiesenstück, das an allen Seiten von Wald umgeben ist, so hat man dadurch gleichsam den Eindruck, in einem großen grünen Zimmer zu sein. Einem Picknick steht nun nichts mehr im Wege (wenn die Wiese noch nicht gemäht wurde, den Waldrand oder die angrenzende Brachfläche dafür benutzen!).

Ausreichend gestärkt geht's am Waldrand entlang und am Hochstand vorbei zu einem kleinen Weg an der linken oberen Ecke der Wiese, der in den Wald führt. Nach einigen Schritten durch den Wald ist man auf der oberhalb der Wiese liegenden Forststraße, der man ca. 500 m nach links folgt. Nach einer Linkskurve und der Überquerung eines Grabens sieht man linker Hand eine Fichtenaufforstung. Durch den schmalen Fichtensaum, den man auf einem schmalen Weg durchquert, sieht man schon das Grün einer Wiese durchschimmern. Dies ist nun das zweite Juwel der Bonna. Wären nicht die unpassenden Fichtenaufforstungen im Rücken, der Anblick wäre perfekt!

Die Wiese ist etwa einige Hektar groß und von Hecken durchzogen – das Zirpen der Heuschrecken, von Blüte zu Blüte flatternde Schmetterlinge und sich im Wind wiegende Gräser lassen Ferienstimmung aufkommen. Von hier sieht man auf den Ort: rechts neben dem Kirchtum das Schloß von Rappoltenkirchen, das 1874 von Theophil Hansen (Erbauer des Parlamentsgebäudes in Wien) im Renaissancestil erbaut wurde.

Hinter der Ortschaft geht die Flyschzone des Wienerwaldes in die Molassezone über, zu erkennen an den flacheren Hügeln und der hier vorwiegend ackerbaulich genutzten Landschaft.

Wenn man sich von der Idylle losreißen kann, geht es wieder zurück zur Forststraße und von dort 100 m weiter bis zu einem nach links abzweigenden Lehmweg. Durch einen Kahlschlag führt dieser Weg vorbei an einem Hochstand zur schon bekannten Bonnastraße, auf der man wieder zum Ausgangspunkt zurückkommt. Zuvor muß man leider an Wiesen vorbei, deren Vegetation großflächig durch Erdaufschüttungen zerstört wurde. Wenn man bedenkt, daß wenige Stunden mit dem Bagger ausgereicht haben, sie zu zerstören, es aber einige Generationen dauert, bis sich hier wieder artenreiche Wiesen entwickeln, stimmt einen das schon nachdenklich.

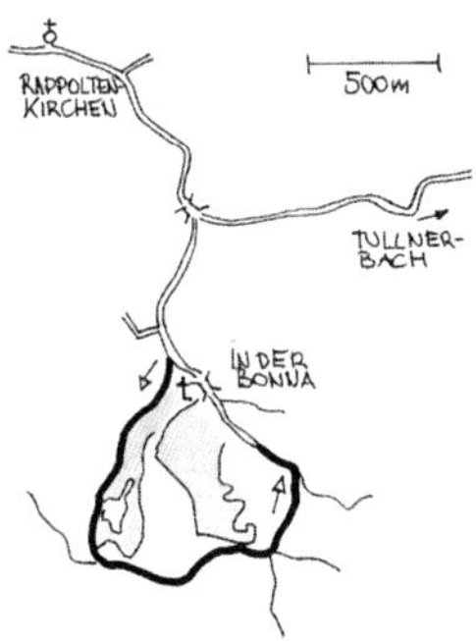

Sandsteinfindlinge im Naturwaldreservat

Die Besenheide weist auf sauren, sandigen Boden hin

3 RAUCHENGERN IST GESUND 26.12.10

Höhenwanderung durch die Wiesenlandschaften des oberen Irenentals, vorbei an einem urtümlichen Wald, durch malerische Wiesen und zu wunderhübschen weiten Ausblicken über die Berge des zentralen Wienerwaldes.

Dauer: 1,5 Stunden
Anstrengungsfaktor: 2
Kartenblatt: ÖK 58 Baden, 57 Neulengb.
Bevorzugte Jahreszeit: Frühling – Winter
Genußfaktor: 4
Länge: 5,5 km
Höhenamplitude: 407–502 m

Die Wanderung, oder besser gesagt der Spaziergang, beginnt beim Parkplatz des „Waldgasthofs Rieger" im Irenental. Schon hier hat man einen guten Ausblick auf die wiesendurchsetzte Landschaft des Irenentals. Umgeben von grasenden Pferden und manchmal auch von Touristen, die hier in den Bettenburgen des Gasthofes übernachten, wird man gleich in Ferienstimmung versetzt. Nette Idee: die Gästehäuser sind nach den Bergen, in deren Richtung sie stehen, benannt. Wir begeben uns am Haus mit dem Namen „Heinratsberg" vorbei Richtung Waldrand. Dort steht ein riesiger Edelkastanienbaum, der auch als Naturdenkmal geschützt ist. Leider sind die Maroni immer schon weg, wenn ich im Oktober hierher komme. Die Edelkastanie gehört zu den Buchengewächsen und ist daher mit der Rotbuche verwandt. Ihre Blätter sind ganz charakteristisch: groß und länglich zugespitzt, sattgrün und mit spitzen, kleinen Zähnen am Rand. Als Bachblüte wird Sweet Chestnut (Edelkastanie) gegen Zustände der Verzweiflung und Hoffnungslosigkeit eingesetzt: und wirklich, Maronibäume strahlen etwas Trostreiches aus, wie man hier bemerken kann. Ihren Verbreitungsschwerpunkt hat die Edelkastanie in südlicheren Gefilden, Italien und dem Balkan. In der relativ rauhen Wienerwaldlandschaft kann sie nur an südexponierten Waldrändern gedeihen. Außerdem liebt sie saure Bodenverhältnisse – das ist mit ein Grund, warum sie gerade im nördlichen und zentralen Wienerwald auftritt. Wir befinden uns hier in der geologischen Zone der sandigsauren Greifensteiner Decke, eine der drei geologischen Deckensysteme, die den Flysch-Wienerwald aufbauen. Die Böden sind hier sehr sandig, sauer und relativ trocken. Das kann man als Wanderer daran erkennen, daß die Wege hier auch nach Regenfällen nicht so morastig sind (im Gegensatz zu den südlich daran anschließenden Kahlenberger Schichten, wo man nach Regen oft bis zu den Knöcheln im tonig-schluffigen Boden versinkt) und der hellgelbe Sand die Wanderwege bedeckt. Hier kommen auch die Besenheide (*Calluna vulgaris*, im Volksmund „Erika“ genannt) und die Heidelbeere (*Vaccinium myrtillus*) als Säure- und Trockenheitszeiger vor.

Nun geht es dem Waldrand folgend nach rechts, und wenn man in den Wald blickt, merkt man, daß dies hier kein „gewöhnlicher Wald“ ist. Verkrüppelte Buchen, zerzauste Rotföhren und alte Baumriesen, daneben umgestürzte und liegengelassene Altbäume, sogenanntes Totholz, bilden eine malerische Kulisse. Wir befinden uns in einem Naturwaldreservat. Sinn und Zweck dieser Reservate ist es, sämtliche in Österreich vorkommende Waldgesellschaften repräsentativ zu schützen. Ohne Eingriffe des Menschen sollen hier alle Entwicklungsabläufe – von der Jugendphase bis zum Zerfall – ungehindert ablaufen können. Die hier vorkommenden alten Rotbuchen sind etwa 200 Jahre alt.

Nach diesem Abstecher geht es wieder zurück zum Gasthof und dem markierten Weg folgend den Waldrand entlang. Hier kommen entlang des Waldrandes immer wieder Maronibäume vor. Unterhalb liegt jetzt ein Gehöft, der Strohzogl. Von da hat man eine gute Aussicht auf den hinter uns liegenden Troppberg, erkennbar an der Aussichtswarte und den darunter liegenden Wiesen von Riedanleiten mit dem kleinen Kloster.

Ein schmaler, geschotterter Weg führt bergab durch einen Jungwald, und nach einem kurzen Stück erreicht man die Wiesen auf der „Paßhöhe“ des Irenentales. Unterhalb liegt die Straße, die vom Irenental hinauf und weiter nach Preßbaum oder Rappoltenkirchen führt.

Es geht vorbei an einem alten Bauernhof, der seit kurzem als Gastwirtschaft geführt wird – das niedrige, alte Gebäude scheint vor der Mahd der Wiesen in einem Grasmeer zu schwimmen. Auf der Wiese kommen vereinzelt Narzissen vor. Sie gehören wie der Krokus und andere Zwiebelpflanzen zu jenen Gewächsen (vor allem auf den Bergwiesen, wo lange eine dicke Schneedecke liegt), die durch die Reservestoffe in der Zwiebel rasch zur Blüte gelangen können und so einen Startvorteil gegenüber den anderen Wiesenpflanzen haben, die länger brauchen, um sich vom Winter zu erholen. Dort bilden sie den Frühjahrsaspekt, das heißt die Wiesen sind im Frühjahr übersät mit ihren Blüten. Nun, so alpin ist es hier doch nicht, denn es kommen nur wenige Exemplare vor. Trotzdem ist es nett, sie hier zu entdecken.

Der Weg führt weiter am Waldrand und mündet am Ende der Wiese in den Wald. Es ist dies ein alter Rotbuchenbestand mit einem grünen Teppich aus Wimper-Segge. Dieser Waldtyp kommt an Hangverflachungen und Verebnungen zur Entwicklung. Neben der Wimper-Segge sind Wald-Bingelkraut, Waldmeister, Mandelblättrige Wolfsmilch und Frühlings-Platterbse typische Arten des Unterwuchses. Bei solchen Wäldern spricht man auch von Buchen-Hallen-Wäldern. Der Vergleich mit Kathedralen wird oft herangezogen. Tatsächlich ist es am späten Nachmittag, wenn die schrägen Sonnenstrahlen durch das Blattwerk dringen, hier sehr feierlich.

So, nun erreicht man die Straße nach Rappoltenkirchen, und vor einem liegt der „Wolf-Hof“, ein Gasthof und Reitstall, von dem man ebenfalls einen tollen Ausblick hat. Die Gegend heißt hier Rauchengern, warum wohl? Früher befanden sich hier rauchende Kohlenmeiler, die aus dem geschlägerten Holz Holzkohle erzeugten. Diese Tätigkeit war im gesamten Wienerwald einst sehr verbreitet, ist aber ebenso verschwunden wie die Pecherei im südlichen Wienerwald.

Zurück geht es nahezu den gleichen Weg!

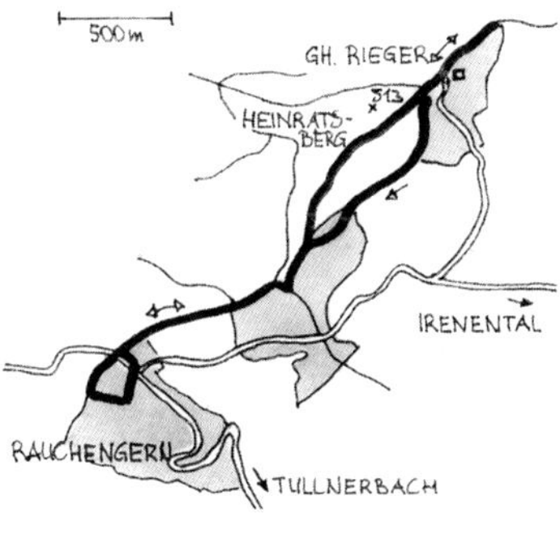

Magerwiese mit Mädesüß und Orchideen

Marterl am Großen Wienerberg

4 IRENENTAL MAG MAN EBEN

Über den Irenentaler Höhenweg zu den Wiesenlandschaften der Wilhelmshöhe und hinunter in die Talniederung des Tullnerbaches. Gute Ein- und Überblicke in das Irenental, eine der landschaftlich reizvollsten Gegenden des Wienerwaldes.

Dauer: 1,5 Stunden
Genußfaktor: 4
Anstrengungsfaktor: 2
Länge: 5 km
Kartenblatt: ÖK 58 Baden
Höhenamplitude: 298–425 m
Bevorzugte Jahreszeit: Frühling – Frühsommer

Das Irenental, nicht zu verwechseln mit dem Helenental bei Baden (siehe Wanderung „Beethovens Idylle"), trägt diesen Namen seit etwa 1880. Er bezeichnete ursprünglich nur den unteren Teil des Tales zwischen Erlschachen und der Westbahn. Die Herkunft des Namens ist ungeklärt, vielleicht nach einem weiblichen Sommergast, vielleicht nach einer Tochter der griechischen Familie Ypsilant, Besitzer des Schlosses in Rappoltenkirchen, benannt?

Die Wanderung beginnt beim ehemaligen Kloster bei Erlschachen, das auf der linken Seite der Straße (Parkmöglichkeit), die das Irenental durchzieht, liegt. Hier zweigt nach links ansteigend der asphaltierte Güterweg „Erlschachen" ab. Nach wenigen Metern bergauf befindet man sich inmitten der noch großflächig vorhandenen Wiesenkomplexe, die für das Irenental charakteristisch sind und die seinen besonderen Reiz ausmachen. Im Frühling / Frühsommer, noch vor der ersten Mahd, ist es ein besonderer Genuß, durch diese Landschaft zu wandern oder zu laufen. Das Zirpen der Grillen und der silbrige Glanz der Gräser (Magerwiesen sind nicht sattgrün wie Fettwiesen, sondern immer etwas blasser vom Grün her, dafür um so bunter, was die Blütenpflanzen betrifft), der Duft des Wiesensalbeis und die bunten Tupfen der Schmetterlinge hinterlassen einen unvergeßlichen Eindruck. Es ist dies das Bild, das oft als Kulisse für Fremdenverkehrswerbung benutzt wird, das aber in Wirklichkeit kaum noch existiert.

Der Zwang zu einer intensiven Landwirtschaft hat leider aus den meisten Wiesen Österreichs monotone Grasäcker, auf denen kaum

mehr als fünf Grasarten und einige wenige Blütenpflanzen gedeihen, gemacht. Hier im Irenental kann man aber noch die Vielfalt der Wiesenflora und -fauna bewundern. Als sogenanntes Natura 2000-Gebiet ist auch der Wienerwald nach EU-Recht geschützt und die artenreichen Magerwiesen werden als besonderes Schutzgut hoffentlich auch in Zukunft in ihrem Bestand erhalten bleiben.
Nun geht es vorbei an einem ehemaligen Bauernhof, dessen umgebende Wiesen heute leider eingezäunt sind, und weiter durch ein schmales Waldstück zur nächsten Wiese. Ende Mai / Anfang Juni findet man hier Knabenkräuter (*Dactylorhiza* sp., *Orchis* sp.), Orchideenarten, die nur auf extensiv genutzten Wiesen vorkommen. Bevor der nächste Wiesenkomplex beginnt, zweigt nach links eine schmale Schneise in den Wald ab, der man folgt. Sie führt zu der Forststraße nahe am Bergkamm, der das Irenental von Tullnerbach trennt. Rechter Hand genießen wir den Ausblick auf das Irenental und die umgebenden Berge, der Troppberg ist durch die Aussichtswarte leicht zu erkennen. Links die durch Kahlschläge ziemlich mitgenommenen Buchenwälder, dazwischen Fichtenaufforstungen. Kahlschläge mögen zwar nicht die sanfteste Form der Waldbewirtschaftung darstellen, sie bieten aber einer Reihe von Pflanzenarten Lebensraum, die sonst im Dunkel des Waldes nicht existieren könnten. Von den Kahlschlägen strömt, beginnend im Hochsommer bis in den Herbst, ein intensiver aromatischer Duft. Dieser stammt vom Kreuz- oder Greiskraut (*Senecio nemorensis*), einem hochwachsenden, gelbblühenden Kreuzblütler, der auch in anderen Regionen Österreichs recht häufig vorkommt, aber nach meinen Erfahrungen nur im Wienerwald diesen intensiven Duft verbreitet.
Es geht jetzt schön eben dahin, unterhalb des Weges liegt Brettwies. Im Sommer kann man das Blöken der weidenden Schafe hören. Hier kann man auch in den dazugehörigen Gasthof einkehren, um sich ein Lammkotelett, eine Schafsbratwurst oder frischen Schafkäse einzuverleiben.
Nun geht es ein kurzes Stück weiter auf der Forststraße durch den Wald und rechts über ein Wiesenstück bis zu einem Wegweiser, wo die rote Markierung auf einem schmalen Weg durch ein Fichtendickicht auf die Anhöhe der Wilhelmshöhe führt. Der schöne Ausblick belohnt für das weniger schöne Stück durch das Fichtengestrüpp.

Ab jetzt geht es nur mehr eben dahin oder bergab. Auf der Wilhelmshöhe wechseln Wiesen mit Äckern, eine Nutzung, die früher viel verbreiteter war, da die Bauernhöfe sich selbst mit Brotgetreide versorgen mußten. Auf alten Karten des Franziszeischen Katasters sieht man, daß einst viele sehr kleine Ackerflächen, die ohne Maschinen bearbeitet werden mußten, in die Wiesen eingestreut waren.
Die Wilhelmshöhe war im 19. Jahrhundert ein beliebtes Ausflugsziel mit einer großen Restauration und einer Meierei. Das Ausflugsgasthaus wurde nach dem Ersten Weltkrieg geschlossen. Heute befindet sich hier ein Reitbetrieb. Das große Jugendstilgebäude dahinter war ursprünglich ein „Erholungsheim für Wiener Handels- und Gewerbetreibende", seit dem Zweiten Weltkrieg beherbergt es die Lungenheilstätte des Wiener Landesgerichtlichen Krankenhauses, daher hier der doppelte Stacheldraht und die vergitterten Fenster.
Auf der Brettwieserstraße nach links gelangt man zur Hauptstraße, an der sich die Kirche des Irenentals, die 1900 / 01 im secessionistischen Stil erbaut wurde und dem heiligen Antonius von Padua geweiht ist, befindet. Links daneben ist der Pfarrhof, der ebenso wie die Kirche von einer Wiener Fleischhauersfamilie, die im Irenental zahlreiche Grundstücke besaß, finanziert wurde.
Auf der Hauptstraße leicht bergab ist man nach ca. 600 m wieder am Ausgangspunkt der eindrucksvollen Wanderung.

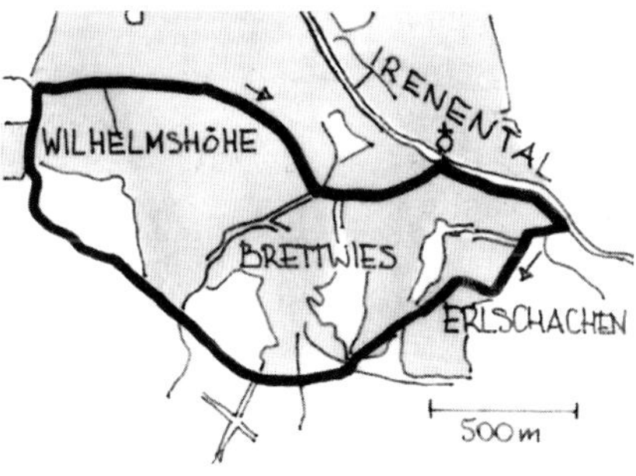

Gründerzeitvilla auf der Lawies

Eingangsportal einer Villa

Karl Ritter-Weg im Frühling

5 GRÜNDERZEITVILLEN UND JOGGER

Romantische Waldwege, sanfte Wiesenlandschaften und die Gründerzeitvillen von Tullnerbach-Lawies, eine perfekte Kombination nicht nur für Verliebte!

Dauer: 1,5 Stunden
Anstrengungsfaktor: 1
Kartenblatt: ÖK 58 Baden
Bevorzugte Jahreszeit: Frühling – Winter
Genußfaktor: 4
Länge: 5 km
Höhenamplitude: 329–417 m

Der Ortsteil Tullnerbach-Lawies liegt am sonnigen Südabhang des Großen Wienerberges nördlich der Westbahn, und hier, hinter der Villa in der Geneestraße 9, befindet sich auch ein Einstieg in den „Karl-Ritter-Weg", dem Ausgangspunkt dieser Wanderung.
Die Westbahn, 1858 als „Kaiserin Elisabeth-Bahn" erbaut, war mit einer der Beweggründe für die ab 1870 einsetzende rege Bautätigkeit entlang der Bahnlinie. Wiener Fabrikanten und Kaufleute entdeckten den Wienerwald als Sommerfrische. Praktischerweise konnte man damals ohne umsteigen zu müssen mit der Stadtbahn vom Karlsplatz bis nach Neulengbach fahren – ein wahrer Komfort! Zwischen 1880 und 1910 wurden auf der Lawies 48 Villen errichtet, und die Wandlung von der Ochsenweide zur Villensiedlung war vollzogen. Im Hotel Lawies gegenüber dem Bahnhof, das in den siebziger Jahren abgerissen wurde, fanden rauschende Bälle statt, und zahlreiche bekannte Persönlichkeiten der damaligen Zeit kamen wegen der guten Luft hierher. Und sie gingen natürlich auch spazieren, vorzugsweise auf dem Weg von der Lawies auf den Buchberg, seit 1910 nach dem gleichnamigen Hausbesitzer Karl-Ritter-Weg benannt. Die Villen Geneestraße 9 und Geneestraße 11, die dem Kaufhausbesitzer Herzmansky gehörte, hinter uns lassend, beginnen wir unseren Spaziergang.
Der Weg, ein schmaler geschotterter Waldweg, wie man ihn nur selten im Wienerwald findet, ist ein reiner Spazier- (und Laufweg) und keine Forstraße. Er folgt den Höhenschichtlinien, besitzt kaum Steigungen und ist daher äußerst bequem zu begehen. Man kann hier wunderbar laufen, und die Jogger, denen man hier begegnet, schauen auch alle durchwegs glücklich drein.

In der Strauchschicht des Waldes entdeckt man gleich zu Beginn ein immmergrünes Gewächs, das in der unbelaubten Zeit besonders auffällt. Die Stechpalme (*Ilex aquifolium*), ein immergrüner Strauch, der seine Hauptverbreitung in den milderen westeuropäischen Klimalagen hat, breitet sich hier aus – wahrscheinlich ein Gartenflüchtling, der sich in dem an die Gärten angrenzenden schattigen Wald wohlfühlt. Der Weg führt in sanften Schlangenlinien über zahlreiche Tobel (Gräben), die zum Teil über nette kleine Steinbrücken gequert werden, vorbei an einem aufgelassenen Steinbruch, der zur Baumaterialgewinnung für die Villen gedient haben mag.
Als erste Blütenpflanzen im Frühjahr bedecken zartlila blühende zwiebeltragende Zahnwurz mit kleinen schwarzen Brutzwiebeln in den Blattachseln, weißblühendes Buschwindröschen und das blaurote Hänsel-und-Gretel (Echtes Lungenkraut) den Waldboden. Diese Frühblüher nutzen den unbelaubten Zustand des Waldes im Frühjahr, um rasch ihren Entwicklungszyklus durchzuführen.
Nach einiger Zeit erscheint die unbewaldete Kuppe der Wilhelmshöhe mit Blick Richtung Irenental und Troppberg. Die Wilhelmshöhe war früher ein beliebtes Ausflugsziel. Zwischen 1905 und 1915 gab es hier eine Meierei, die Wilhelmshöhe-Alm, und ein Gasthaus, das für „die prachtvolle Aussicht und das starke Echo“ (Text auf einer Ansichtskarte) bekannt war. Heute haben hier und in der Umgebung Reitställe die Funktion der Kuh-Almen übernommen. Eine wichtige Entwicklung zur Erhaltung der Wiesen, allerdings sollte die Anzahl der Pferde auch mit der Futterfläche korrelieren, was nicht immer der Fall ist und dann zu „Entsorgungsproblemen“ mit dem anfallenden Mist führen kann.
Ehe der Wanderweg wieder in das Siedlungsgebiet führt, kommt linker Hand noch eine Wiese in Sicht. Sie ist das letzte Überbleibsel der ehemaligen riesigen Freifläche der Oberen Lawies und sollte unbedingt erhalten bleiben, d.h. sie sollte nicht nur vor der Verbauung bewahrt, sondern unbedingt auch weiter gemäht werden.
Man kann jetzt der Lawieserstraße und der Baumschulstraße folgen und ist in einigen Minuten beim Ausgangspunkt zurück, oder man schlendert noch durch die ruhigen Straßen der Lawies und bewundert die alten Villen. Zu empfehlen sind dazu die Franz Schubert-Straße, die Geneestraße und die Egererstraße.

Wer sich näher für die Geschichte der Lawies und des oberen Wientals interessiert, dem sei das sehr informative Buch von Dieter Halama „Das obere Wiental in alten Ansichten“ empfohlen. Hier kann man beispielsweise nachlesen, daß der Komponist und Librettist Richard Genee, berühmt für das Libretto der Strauß-Operette „Die Fledermaus“, in seiner Villa in der Egererstraße 36 einen wahren Zoo betrieben haben muß („jeder freie Winkel des ziemlich ausgedehnten Besitztums ist mit kleinen Käfigen, Hütten und vergitterten Häuschen ausgefüllt“, so ein Journalist 1885). Oder, daß zwei Wiener Baumeister hier innerhalb von drei Jahren 12 Villen in unterschiedlichen historischen Stilarten errichteten, diese aber aus heute unbekannten Gründen nicht verkaufen konnten, so daß sie ein Jahr später den Konkurs anmelden mußten. Die „Villa Hofmeier“ in der Egererstraße 10 wurde als die letzte der großen Sommerfrischevillen errichtet und gehörte dem Inhaber des Hotels „Meißl & Schadn“ auf dem Neuen Markt in Wien. Die Villa am Ausgangspunkt der Wanderung an der Geneestraße 11 war von 1902–1918 im Besitz von Johann Herzmansky, dem Inhaber des bekannten ehemaligen Wiener Kaufhauses auf der Mariahilfer Straße. In dem genannten Buch finden sich noch viele andere interessante Fakten und Begebenheiten, die zum Schmökern und Nachdenken anregen.

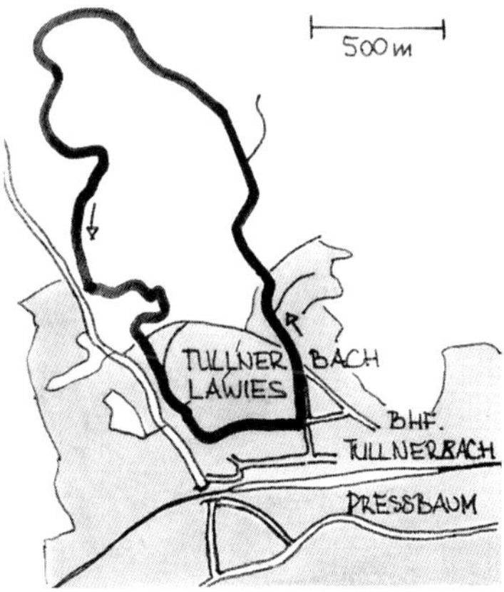

Tief eingeschnittene Gräben sind charakteristisch für den Sandstein-Wienerwald

Filigrane Wedel des Riesen-Schachtelhalmes an den feuchten Gräber

6 DAS VORLETZTE ABENTEUER IM WIENERWALD

Als harmlose Forststraßenwanderung beginnender Spaziergang, der sich allmählich als geheimnisvolle Wanderung in die Tiefen des Wienerwaldes entpuppt – Abenteuer und Verirrungsgefahr nicht ausgeschlossen. Nichts für schwache Nerven!

Dauer: 2 Stunden
Anstrengungsfaktor: 4–5
Kartenblatt: ÖK 57 Neulengbach
Bevorzugte Jahreszeit: Frühjahr – Herbst
Genußfaktor: 2
Länge: 5,5 km
Höhenamplitude: 300–420 m

Der Wanderung habe ich diesen Titel gegeben, weil ich mich hier schon öfters heillos verirrt habe. Stundenlang durch Dickicht, Brombeergestrüpp und Seggensümpfe zu irren, haben jedoch meine Vorliebe für dieses Gebiet nicht dämpfen können. Im Gegenteil, ich finde es immer wieder mystisch und aufregend. Daß man hier leicht die Orientierung verliert, liegt wohl an den zahlreichen, tiefeingeschnittenen Gräben, die das Gebiet durchziehen – und vielleicht auch ein bißchen am Geist des alten Römers, der hier herumspukt. Ein römisches Hügelgrab liegt nämlich am Ende der Wanderung!
Also, begeben Sie sich zum Ausgangspunkt der Wanderung, der Forststraße mit dem Namen „Schmölzgrabenstraße" (beginnend auf der Straße zwischen Irenental und Rappoltenkirchen, ca. 1 km vor dem Gasthof „Zum Fink in der Au"), und finden Sie heraus, ob Sie einen besseren Orientierungssinn haben, bzw., ob der Geist des alten Römers Ihnen wohlgesonnen ist. Am schönsten ist die Wanderung am Vormittag, wenn die Sonne noch nicht ins Gesicht scheint, denn das kann im Sommer recht schweißtreibend sein.
Die Forststraße führt zu Beginn leicht bergauf, bei der ersten Gabelung hält man sich rechts. Jetzt geht es ziemlich eben dahin. In den letzten Jahren wurden hier großflächige Kahlschläge durchgeführt. Forststraßen werden zwar im allgemeinen von Ökologen nicht gutgeheißen, zerschneiden sie doch für viele Tierarten den Lebensraum und oftmals sind mit ihrem Bau auch Hanganschnitte und Geländeveränderungen verbunden, hier im dichten Waldgebiet des Wienerwaldes übernehmen sie aber auch eine andere Funktion,

nämlich die der Offenbereiche bzw. des Waldrandes. Sie bieten Pflanzen, Baum- und Strauch- sowie Tierarten einen Lebensraum, die im geschlossenen Wald keinen Platz finden. Beispielsweise gedeiht hier auf der Forststraße der Braunrote Waldstendl, eine Orchideenart, die lichte Wälder und Magerrasen besiedelt, also auf offene Bereiche angewiesen ist. Und auch für Wanderer ist es manchmal angenehm, den Himmel über dem Kopf zu sehen.
Nun durchquert die Straße eine kleine Waldwiese, die vom Wiesenfuchsschwanz-Gras, einem Feuchtezeiger, dominiert wird. Der allgegenwärtige Hochstand darf natürlich nicht fehlen. Viele kleine im Wald gelegene Wiesen wie diese verdanken ihr Noch-Bestehen in der heutigen Zeit der Jagd. Wären sie nicht ideale Stellen, um das Wild zu beobachten, so würden diese kleinen, schwer zu erreichenden und zu bewirtschaftenden Wiesen sicher schon verschwunden sein.
Nun führt rechts ein rot-weiß markierter Weg von der Forstraße in den Wald. Ein schöner alter Buchenbestand ist zu durchqueren, bevor wieder Kahlschlag-Landschaft einen weiten Blick auf die umgebenden Berge erlaubt. Bei der Kreuzung angelangt, folgt man nicht der nach links führenden rot-weißen Markierung, sondern geht geradeaus und macht einen Abstecher zu einer „Märchenwiese“. Diese ist locker mit Obstbäumen bestanden und wird von einem Bach durchzogen. Der östliche Teil wurde leider mit Fichten aufgeforstet und bietet einen traurigen Kontrast zu der lichtdurchfluteten bunten Blumenwiese. Hier kann man gut sehen, welche negativen Effekte die Aufforstung von Wiesen auf das Landschaftsbild hat. Auf der gegenüberliegenden Seite ist die Forststraße, auf die man in weiterer Folge gelangt. Abenteuerlustige können sich gleich durch den Bachgraben schlagen, um auf die gegenüberliegende Seite zu gelangen, und das Erlen-Eschen-Bachgehölz, das den Bach begleitet, erkunden.
Nun geht es zurück zur Markierung, die wieder auf die Forststraße führt, und hier nach rechts. Nach zwei Rechtskurven befindet man sich auf dem westseitigen Teil der Wiese und hat nun einen schönen Ausblick auf die gegenüberliegende Streuobstwiese.
Die Forststraße führt jetzt durch einen majestätischen alten Buchenbestand – eine Wohltat nach den vielen Kahlschlägen und der ungeschützten Sonnenexposition. Rechts sieht man nun eine kleinere Wiese durchschimmern. Diese wird überquert und an de-

ren linker oberen Ecke wieder in den Wald eingetaucht. So, jetzt wird's schwierig, pfadfinderische Qualitäten sind angesagt: Nach einigen Schritten geradeaus sieht man links eine Fütterungsstelle mit einer Futterkrippe. Vor den Augen beginnen die tiefen Einschnitte der hier zusammenlaufenden Gräben. „Tobel" werden die oft sehr tiefen steilen Täler, die die Bäche in das weiche Flyschgestein des Wienerwaldes geschnitten haben, genannt. Hier sind sie besonders schön und eindrucksvoll ausgebildet. Ein mit viel Fingespitzengefühl (oder soll man hier besser Fußspitzengefühl sagen?) zu erahnender Weg führt entlang des Grabens bergab. Wichtig ist, daß der Graben links vor einem liegt. Nachdem man dies hoffentlich erfolgreich hinter sich gebracht hat, ist man unten bei dem Bach, den man schon auf der Wiese kennengelernt hat. Er mündet in den Habergbach, an dem auch das Römergrab liegt. Man hält sich links und geht bachabwärts, bis man zu einem breiteren Weg gelangt, dem man nach rechts bergab folgt. Er macht jetzt einen Bogen nach links, und nach ca. 20 m führt ein nach rechts abzweigender Weg hinunter ins Tal. Alles klar? Nun ist nur mehr die Überquerung des Habergbaches zu bewerkstelligen, bevor das Grab des Römers in Sicht kommt. Ein Stückchen bachaufwärts, und man sieht schon den Wegweiser „Römergrab". Das Gebiet ist in der Sommerhitze angenehm kühl, das liegt an den zahlreichen kleinen Bächen und Gräben, die hier münden. Gratulation zur bestandenen Wanderung! Ab jetzt ist nur mehr dem markierten Weg zu folgen, und nach etwa 2 km ist man wieder am Ausgangspunkt angelangt.

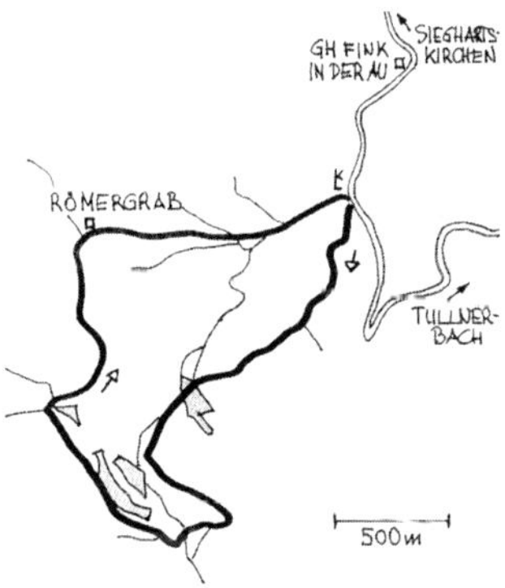

Wildschwein beim Hirschgstemm

Totholzreicher Wald, angrenzend an das Naturwaldreservat am Johannser Kogel

DER LAINZER TIERGARTEN

Kein Wanderführer zum Thema „Wienerwald“ wäre vollständig, ohne den Lainzer Tiergarten zu behandeln. Dieser ist ein einzigartiger Teil des Wienerwaldes, in dem die alte Kulturlandschaft weitgehend erhalten geblieben ist. Er beinhaltet auf einer Fläche von 2.450 ha fast alles, was man sich von einem Wandererlebnis im Wienerwald erwarten kann und darüber hinaus noch mehr: parkartige Wiesenlandschaften, knorrige alte Baumgestalten, Wildschweine aus nächster Nähe und sogar einen Urwald mit 500jährigen Eichen.
Seine Entstehung verdankt er der Öffnung der damaligen Jagdgebiete Prater und Augarten für die Bevölkerung unter Maria Theresia und Joseph II., die hier einen neuen „Thiergarten“ anlegten. Die Mauer, die den Tiergarten umgibt, wurde von einem gewissen Herrn Schlucker, einem einfachen Arbeiter, der aus armen Verhältnissen stammte, errichtet (1772–1871) und der entgegen der Legende danach kein „armer Schlucker“ mehr war (die Legende besagt, daß er mit seinen Dumpingpreisen alle Konkurrenten ausstach und sich selbst dadurch in den Ruin stürzte). Übrigens veranlaßte die 23 km lange und zum Teil durch schwieriges Geländer führende Mauer Johann Nestroy, sie als „das Junge der Chinesischen Mauer“ zu bezeichnen.
Seit 1941 ist der Lainzer Tiergarten Naturschutzgebiet und nun auch „Natura 2000“-Gebiet. Für die Wiesen wurden Pflegepläne erstellt, die festlegen, wann und wie oft sie gemäht werden dürfen. Neue Regelungen, welche die Erfordernisse für „Natura 2000“ berücksichtigen, werden zur Zeit auch für die Jagd und Waldpflege erstellt.
Die Wälder, zumeist bodensaure Eichenwälder, Eichen-Hainbuchen-Wälder und Rotbuchenwälder, sind teilweise 400–500 Jahre alt, da seit jeher die Jagd und nicht die Holznutzung im Vordergrund stand. So großartig die Landschaft des Lainzer Tiergartens in weiten Teilen auch ist, so trostlos ist der Anblick mancher Waldteile im Detail. Hervorgerufen wird dieser Eindruck durch die kahlen, aufgewühlten Waldböden. Die fehlende Kraut- und Strauchschicht ist ein Ergebnis des hohen Wildbestandes.
Um in den Genuß der eindrucksvollen Landschaft zu gelangen, muß man jedoch ein wenig Mühe auf sich nehmen: von fast allen Eingängen ist zu Beginn ein Weg durch wenig attraktives Gelände zu überwinden. Dafür wird man aber später reichlich entschädigt.

7 VOM PULVERSTAMPFTOR ZUM NIKOLAITOR

Entspannender Spaziergang im Nordteil des Naturschutzgebietes Lainzer Tiergarten mit Blick auf einen der artenreichsten und urigsten Wälder Österreichs – und das auf Wiener Stadtgebiet.

Dauer: 3 Stunden
Anstrengungsfaktor: 2–3
Kartenblatt: ÖK 58 Baden
Bevorzugte Jahreszeit: Frühling – Spätherbst
Genußfaktor: 3–4
Länge: 7 km
Höhenamplitude: 216–310 m

Das Pulverstampftor liegt in unmittelbarer Nähe der Wiener Westeinfahrt, und man kann in Minutenschnelle vor der Verkehrslawine in die ruhige Abgeschiedenheit des Naturschutzgebietes flüchten. Vorbei an zwei steinernen Wildschweinebern, begegnet man vor allem in den Morgen- bzw. Abendstunden sehr bald lebenden Vertretern dieser Spezies. Das Gebiet hat einen sehr hohen Wildbestand, was sich vor allem im fehlenden Unterwuchs des Waldes bemerkbar macht. Auch an den Waldrändern kann man erkennen, daß die Bäume in einer geometrisch exakten Linie bei einer bestimmten Höhe abgefressen sind.
Bald erreicht man einen langgestreckten Wiesenkomplex, der einen ersten Eindruck von der parkartigen Landschaft des Lainzer Tiergartens vermittelt, die hier entlang des Rotwasser-Grabens besonders schön ausgebildet ist. Die Wiesen sind von Wildschweinen ziemlich stark umgewühlt, und auf den offenen Bodenstellen siedeln sich einjährige Pflanzenarten an, die im übrigen Wienerwald bereits selten sind. Dazu zählen Ackerwildkräuter wie Kleinling, Sumpf-Ruhrkraut oder Sumpfquendel.
Nach einem kurzen Stück durch Wald gelangt man auf die nächste Wiese, die Kaiserzipfwiese, die außerhalb des Lainzer Tiergartens im Glasgraben ihre Fortsetzung findet. Die Scheibenwiese, die oberhalb der Kaiserzipfwiese liegt, ist einen Abstecher wert, wird sie doch von Botanikern als eine der interessantesten Wiesen des Lainzer Tiergartens bezeichnet. Der Grund dafür liegt in den unterschiedlichen Standortverhältnissen, die zur Vielfalt der Vegetation beitragen und einerseits saure Magerwiesen (südlich des Scheibenbaches), andererseits Feuchtwiesen hervorbringt. Auf der Magerwiese domi-

niert der Bürstling oder das Borstgras, eine niedrigwüchsige Grasart, die charakteristisch für nährstoffarme, saure Böden (Almen) ist und mit ihren kriechenden Rhizomen einen dichten Teppich bildet. Daneben sind auch Dreizahn, Büschel-Nelke, Gewöhnliches Katzenpfötchen, Echter Ehrenpreis oder Filz-Frauenmantel zu finden. In den feuchten Bereichen kommen im Frühjahr Orchideen-Arten wie das Breitblättrige Fingerknabenkraut (rosa Blüten, gefleckte Blätter) oder im Juli die Sumpf-Stendelwurz vor. Um das „Almgefühl" zu vervollständigen, wachsen hier im Spätsommer auch Enzian-Arten wie Fransenenzian und Kranzenzian oder der Weiße Germer, ein giftiges „Unkraut" auf Almen.
Nach diesem Abstecher führt die Runde nun weiter Richtung Grünauer Bach. Die alten Eichen des Johannser Kogels sind hier gut sichtbar, und auf speziellen Führungen kann man das Naturwaldreservat auch betreten, das zum Schutz vor dem Wild eingezäunt ist. Ein Besuch hier ist sehr beeindruckend und kann nur dringend empfohlen werden. Alte Eichen in der Zerfallsphase mit Stammdurchmessern von 4 Metern, Totholz, das von neuem Leben besiedelt wird, mit anderen Worten, Wald, wie er sonst in Österreich kaum vorkommt, ist hier zu sehen und kann zu einem neuen Verständnis für die Natur führen.
Der Weg Richtung Nikolaitor führt nun leicht bergab, rechts des Weges sieht man eine Wiesenbrache, auf der die Rückentwicklung zum Wald bereits eingesetzt hat. Die aufkommenden Sträucher und Bäume zeigen, wie rasch die Natur die vom Menschen geschaffenen Lebensräume wieder zurückgewinnt. Schätzungsweise rund ein Drittel der Wiesenflächen im Wienerwald haben in den letzten Jahrzehnten diese Entwicklung genommen.
Die Landschaft im Wienerwald war in den letzten Jahrhunderten generell viel offener als heute. Das sieht man auch sehr gut, wenn man historische Fotos betrachtet. Die Verwaldung ist in einigen ohnehin schon waldreichen Gebieten Österreichs zum Problem geworden. Sie zeigt einerseits den Rückzug der Landwirtschaft aus dem ländlichen Raum an, andererseits ist sie aber auch ein ästhetisches Problem, da sich der Mensch als ursprünglicher Savannenbewohner ohne ein gewisses Maß an Freiflächen nicht wohl fühlt. Hier im Lainzer Tiergarten gibt es jedoch noch genügend Wiesen,

und ihr Bestehen ist auch für die nächsten Jahrhunderte gesichert. Der große Wiesenkomplex rund um den Grünauer Teich kommt bald in Sicht. Der Teich wurde ursprünglich zur Wasserversorgung des Wildes in Trockenzeiten angelegt. Die Erhaltung der Teichanlage war aber so aufwendig, daß ab 1867 das Eis des Teiches an die Hütteldorfer Brauerei verkauft werden mußte, um wenigstens einen Teil der Kosten zu decken.

Der Weg schwenkt nun nach rechts und führt entlang der Tiergartenmauer zum Nikolaitor, vorbei an einem Sandsteinfelsen, auf dem Birken und verschiedene Ginsterarten wachsen. Oberhalb des Tores befindet sich die spätromanische Nikolai-Kapelle, die dem heiligen Nikolaus, dem Schutzpatron der Schiffer, geweiht wurde. Es gibt Hinweise auf eine Siedlungstätigkeit auf der Nikolaiwiese in der Römerzeit und im Mittelalter. Bei archäologischen Untersuchungen wurden etliche Keramikbruchstücke aus dem 2. Jh. n. Chr. und dem späten 11. bis 13. Jh. gefunden. Auch heute noch sichtbar sind Anschüttungen unter der Kapelle und Reste eines Wall-Grabensystems, die auf eine hausbergartige Anlage schließen lassen. Durch das Nikolaitor verläßt man nun den Lainzer Tiergarten und gelangt zu Fuß zum Ausgangspunkt in etwa 20 Minuten über die Hofjagdstraße (stark befahren) zurück. Die Endstation der Linie U4 in Hütteldorf ist ebenfalls in wenigen Minuten zu erreichen.

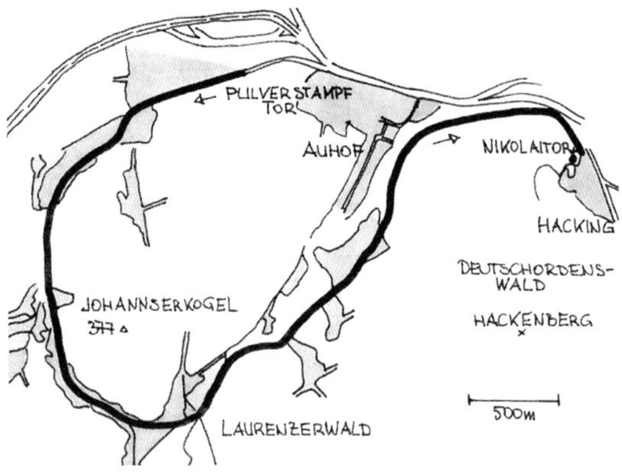

8 LAABER TOR-RUNDE

Diese Runde sollte man in ausgeruhtem Zustand unternehmen, die mannigfaltigen Eindrücke bedürfen eines wachen Geistes, und die Streckenlänge sollte man nebenbei auch nicht unterschätzen. Eine Wanderung, die in Erinnerung bleibt.

Dauer: 4 Stunden
Genußfaktor: 4–5
Anstrengungsfaktor: 3–4
Länge: 10,5 km
Kartenblatt: ÖK 58 Baden
Höhenamplitude: 289–460 m
Bevorzugte Jahreszeit: Frühling – Spätherbst

Ausgangspunkt dieser Rundwanderung ist das Laaber Tor, das bereits auf niederösterreichischem Boden liegt und dem ursprünglichen Diana Tor vorgelagert ist. Dieser Teil zwischen den beiden Toren kam nachträglich zum Lainzer Tiergarten hinzu, nachdem durch den Bau der Westautobahn in den sechziger Jahren Teile des Lainzer Tiergartens im Norden verlorengingen. Die Fläche zwischen den beiden Toren wird hauptsächlich von Äckern eingenommen, und man durchquert etwa 15 Minuten lang Maisfelder, bis die gewohnte Lainzer Tiergarten-Landschaft auftaucht. Der auf diesen Äckern geerntete Mais wird an die Wildschweine des Tiergartens verfüttert, denn nur mit den Roßkastanien bzw. den Eicheln der Zerreichen geben sich die Schwarzkittel nicht zufrieden (der Grund dafür liegt im hohen Wildbestand, der eine Zufütterung notwendig macht). Die Zerreiche wurde hier seit Jahrhunderten im Rahmen der Waldbewirtschaftung gefördert, da sie besonders große Eicheln besitzt, die ein hervorragendes Futter für das Wild darstellen.
Der Ackerbau auf diesen Flächen hat übrigens eine lange Tradition. Schon zu Römerzeiten befand sich hier ein landwirtschaftlicher Gutsbetrieb. Vor etwa 15 Jahren fanden Ausgrabungen der Universität Triest statt, die Fundamente der dazugehörigen römischen Villa freilegten (links oberhalb der Straße, ca. 200 m nach dem Laaber Tor); jetzt wächst vermutlich wieder Gras oder Mais darüber.
Nachdem das Diana Tor durchschritten ist, beeindruckt die weitläufige Diana-Wiese zu allen Jahreszeiten, vor allem aber im zeitigen Frühjahr, wenn sie mit zartgelben Himmelschlüsseln übersäht ist.

Durch Eichen-Hainbuchen-Wald geht es Richtung Hirschgstemm, und nach einer kleinen Steigung hat man das gleichnamige Gasthaus erreicht. Hier kann man sich in die Nahrungskette des Lainzer Tiergartens einklinken, indem man Wildschwein konsumiert, was allerdings nicht bedeutet, daß man dadurch zu dessen Reduktion beiträgt.

Der Weg führt hinter dem Gasthaus vorbei Richtung Lainzer Tor, und nach ca. 1 km durch Rotbuchenwald sieht man rechts die Aumüllerwiese durchschimmern. Diese Wiese zählt nicht nur zu den botanischen Kostbarkeiten des Lainzer Tiergartens, man hat von ihr auch einen besonders schönen Ausblick auf die umliegenden Waldgipfel, die im Naturschutzgebiet Lainzer Tiergarten ohne die obligaten Kahlschlagsilhouetten zu genießen sind. Ein Abstecher dorthin lohnt sich daher auf jeden Fall. Bemerkenswert sind die „Heideflecken" in der Mitte und am Ostrand der Wiese, wo kalkfreier Sandstein an die Oberfläche tritt und eine spezielle Vegetation aus Säurezeigern, wie Heide-Ginster oder Besenheide, hervorbringt.

Nach nur wenigen Minuten erreicht man dann das „Kalte Bründl", einen Quellaustritt, der durch das Aufeinandertreffen von kalkhaltigem Sandstein und darunter liegenden wasserstauenden Schieferschichten entstanden ist. Angrenzend die Kaltbründlwiese.

Der Weg führt nun durch alten Traubeneichen-Zerreichen-Wald leicht bergab bis zur Großen Stockwiese, die landschaftlich ebenfalls sehr eindrucksvoll ist. Feuchte Gräben und ein Bach, die die Wiese durchziehen, sowie trockene Hügel tragen zur Komplexität der Wiesenvegetation bei, die sowohl Arten der Trockenrasen (dunkelrosablühende Heide-Nelke, Ähren-Blauweiderich) als auch der Feuchtwiesen (eine Besonderheit ist der nach Knoblauch riechende Knoblauch-Gamander) aufweist. Dem Wegweiser Richtung Gütenbach Tor folgend, erreicht man alsbald die Tiergartenmauer und passiert die angrenzende Wiese, bevor man beim Gütenbach Tor den Weg Richtung Laaber Tor zurück nimmt. Ein beschaulicher Weg, gesäumt von Kastanienalleen, die auch im Lainzer Tiergarten von der Kastanienminiermotte befallen sind. Letztere, eine Schmetterlingsart, die 1983 erstmals in Mazedonien entdeckt wurde, breitet sich seit Anfang der neunziger Jahre in Österreich aus. Die Larven fressen sich in das Innere der Blätter und höhlen diese

aus (daher der Name minieren), was zum Braunfärben und Vertrocknen der Blätter führt. Von der Öffentlichkeit mit großer Bestürzung beobachtet und oft mit hohen Bekämpfungskosten verbunden, haben Kastanie und Miniermotte zu einem gewissen Gleichgewicht gefunden. Bis jetzt ist es durch die Kastanienminiermotte zu keinem Absterben der Bäume gekommen. Das Problem dürfte wohl eher auf der ästhetischen Eben liegen. Im übrigen bleibt die rotblühende Roßkastanie weitgehend verschont, weshalb ist ungeklärt.
Linker Hand liegt die Fasslwiese, die vom Weg durch einen schön ausgebildeten Schwarzerlen-Auwald getrennt ist, ebenfalls ein gefährdeter und nach EU-Naturschutzrichtlinien geschützter Lebensraumtyp. Hier befindet sich nach der zweiten Wegkehre ein kleiner Quellaustritt, wo auch das seltene Gewöhnliche Fettkraut, eine „Fleischfressende“ Pflanzenart, vorkommen soll. Sie zu entdecken ist allerdings etwas schwierig, da sie im dichten Grasfilz halb versteckt ist. Nach der Weindorferwiese mit einer schönen Schwarzerlen-Baumgruppe erreicht man wieder die Diana-Wiese. Diese ist nicht nur landschaftlich sehr reizvoll, sie weist gleichzeitig eine sehr interessante Vegetation auf. Die vielen aufgewühlten Stellen werden von seltenen Ackerwildkrautarten besiedelt, die gemäß ihres Lebenszyklus auf offene Bodenstellen angewiesen sind. Durch das Diana Tor überschreitet man die Grenze zu Niederösterreich und verläßt anschließend den Lainzer Tiergarten durch das Laaber Tor.

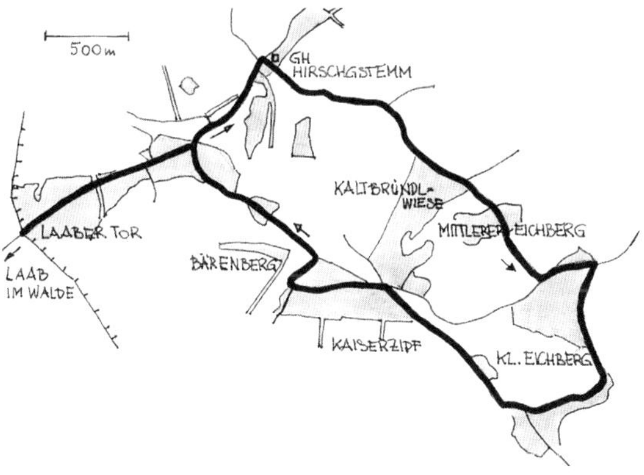

Blühende Bärlauchfluren im April

„Duckhütte“ im Dambachtal

9 GIPFELKREUZ UND GIPFELBUCH

Trotz des Titels keine schweißtreibende Bergbesteigung, sondern eine geruhsame Waldwanderung, vorbei an bunten Wiesen und durch einsame Wälder auf den Gipfel des Feuersteinberges, danach hinab in das verträumte Dambachtal, zu einer kulturhistorischen Besonderheit.

Dauer: 2 Stunden
Anstrengungsfaktor: 3
Kartenblatt: ÖK 58 Baden
Bevorzugte Jahreszeit: Frühling
Genußfaktor: 3
Länge: 7,5 km
Höhenamplitude: 292–476 m

Die Wanderung beginnt in der sogenannten Baunzen, südlich von Purkersdorf, dort, wo die Pernersdorferstraße in die Forststraße übergeht. Üppige Bärlauchfluren überziehen hier im April als erstes Grün die feuchten Böden entlang des Baches. Bärlauch ist ein Geophyt[1], der innerhalb einer sehr kurzen Zeitspanne – zwei bis drei Monate – Blätter, Blüten, Früchte und Brutknospen bilden und außerdem genügend Nährstoffe in der Zwiebel speichern muß, um im nächsten Frühjahr wieder einen Blitzstart hinlegen zu können. Dafür benötigt er nährstoffreiche, feuchte Böden. Sein Vorkommen ist daher auf schattige Hänge oder Bachufer beschränkt. Hier kommt er dann aber meist in Massen vor.
Das erste Stück des Weges führt parallel zur Autobahn. Rechts fließt der Bach, und links rauscht die Autobahn, aber nur ein kurzes Stück, denn nach einem Kilometer biegt man nach rechts ab auf die Forststraße mit dem Namen „Obere Ungarwiesenstraße". Links liegt die erste Wiese – eine ehemalige Pfeifengraswiese. Der obligate Hochstand kann hier nicht weit sein, denn ihm verdankt diese Wiese, wie viele andere Wiesen im Wienerwald, ihr Bestehen: Auf den Waldwiesen läßt sich das Wild gut beobachten, und sie werden daher im Interesse der Jäger erhalten. Die Heunutzung steht dabei im Hintergrund, gemäht wird nur, damit die Wiese nicht verbuscht. Das Mähgut wird dabei oft gar nicht mehr abtransportiert. Besonders in den stadtnahen Gebieten des Wienerwaldes hat die Landwirtschaft kaum eine

[1] Ausdauernde krautige Pflanze mit Überdauerungsorganen im Boden

Bedeutung mehr. Es gibt auch fast keine Landwirte mehr – so findet sich in der gesamten Gemeinde Purkersdorf nur mehr ein einziger Bauer, und der ist über 60.

Diese Feuchtwiese wurde in den letzten Jahren leider viel zu früh gemäht, daher ist auch das Pfeifengras schon verschwunden. Am Rand der Wiese, dort, wo nicht gemäht wird, finden sich noch vereinzelt Feuchtwiesenpflanzen wie der gelbblühende Weiden-Alant oder die violette Bach-Kratzdistel. Sie sind Überbleibsel der ehemaligen Feuchtwiesenvegetation.

Es geht jetzt gemütlich weiter auf der Forststraße, vorbei an einer zweiten, größeren Wiese, von der man Richtung Südosten einen guten Ausblick auf den Lainzer Tiergarten hat. Die Forststraße führt in weiten Bögen ziemlich eben dahin und umrundet dabei den Feuersteinberg. Dieser zählt zu den „Fünf Bergen“, nicht zu verwechseln mit Schneewittchens sieben Bergen, sondern von Geologen so genannt, weil sie südlich des Wientals in fast identischer Weise nebeneinander aufgereiht sind. Diese fünf Berge haben jeweils einen kleineren Hügel Richtung Wienfluß vorgelagert, so daß es eigentlich zehn Berge sind. Zu ihnen zählen, von Osten beginnend, Rudolfshöhe mit Georgenberg, Feuersteinberg mit Speichberg, Frauenwart mit Glaskogel, Bartberg mit Beerwart und schließlich Vorderer und Hinterer Sattelberg.

Nach einer Rechtskurve über ein Bachtal gabelt sich die Straße. Man verläßt nun die Forststraße, die bergab nach rechts führt, und schlägt den nach links abzweigenden Weg ein. Nach knapp 500 Metern kommt eine sternförmige Kreuzung. Hier hält man sich links und folgt dem Waldweg, der bergauf führt. Nach einer Rechtskurve kann man den Blick auf den gegenüberliegenden Georgenberg und die Rudolfshöhe über das Wiental bis zur Sophienalpe schweifen lassen – bewaldete Bergrücken soweit das Auge reicht. Je tiefer man in den Wald eindringt, desto mehr fällt auf, daß hier sehr alte Baumexemplare vorkommen. Auch abgestorbene Baumteile, sogenanntes Totholz, (für bestimmte Käferarten Lebensgrundlage), findet man hier. Bei einigen Bäumen kann man Drehwuchs beobachten, der Stamm ist in sich leicht gedreht, ein vermutlich durch Erdstrahlungen oder Wasseradern hervorgerufenes Phänomen. Hier in diesem Wald, eine Naturwaldzelle, dürfen diese Unregelmäßigkeiten vorkommen, ohne daß die Forstwirtschaft eingreift.

Nun geht es vorbei an einem kleinen Wildacker die letzten steilen Meter bis zum Gipfel hinauf. Hier erwartet einen, völlig ungewöhnlich für einen Berg des Wienerwaldes, ein veritables Gipfelkreuz und, oh Wunder, auch ein Gipfelbuch, in dem so poetische Dinge wie – *Der schönste Gipfel des Wienerwaldes* – stehen.
Danach geht es wieder zurück zur Kreuzung, nun nimmt man den nach links bergab führenden Weg.
Der dahinwelkende Bärlauch erfüllt hier im Juni mit intensivem Knoblauchgeruch die Luft. Er hat seine biologische Pflicht erfüllt – die im Frühjahr gebildeten Reservestoffe sind in der Zwiebel eingelagert, und die Pflanze hat daher bis zum nächsten Frühjahr Ruhepause.
Das Laub der Buchen ist inzwischen auch so dicht, daß kaum ein Sonnenstrahl den Waldboden erreicht. Der Lichtmangel ist jedoch für das Absterben der Bärlauch-Blätter nicht so bedeutend wie die zunehmende Erwärmung der bodennahen Luftschichten.
Man erblickt nun links eine kleine Waldwiese und erreicht die Forststraße, die durch das Dambachtal führt
Auf der Forststraße, die den Dambach begleitet, geht es nach links bachaufwärts. Auf der rechten Seite taucht nach einem Kilometer eine kleine Lichtung mit einem verlassenen Gehöft auf. Die Gebäude mit den Schuppen schauen ziemlich verwildert aus, doch ist das Haus eine der ganz wenigen noch erhaltenen Duckhütten im Wienerwald. Diese ehemaligen Holzfällerbehausungen sind meist von einer kleinen Wiese umgeben, auf der Schafe, Ziegen oder eine Kuh gehalten wurden. Im 17. Jh. bauten Waldarbeiter diese einfachen Unterkünfte aus Holz, die aufgrund ihrer Dürftigkeit „Duckhütten" genannt wurden. Diese Duckhütte ist nun schon seit ca. 25 Jahren nicht mehr bewohnt, sie sollte aber unbedingt erhalten bleiben – vielleicht als Informationszentrum im künftigen „Biosphärenpark Wienerwald".
Es geht nun weiter bis zu einer Kreuzung, auf der man nach links abzweigt und nach einer halben Stunde zum Ausgangspunkt zurückkehrt.

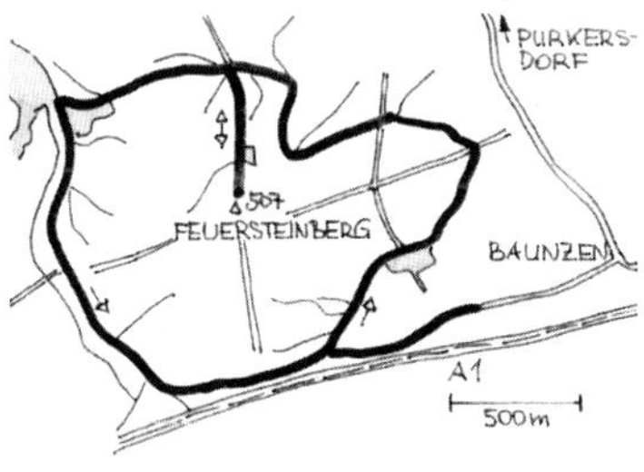

Blick über den Wienerwaldsee

Talquerung Wolfsgraben der Westautobahn

10 RUND UM DIE BEERWART

Abwechslungsreiche Bergumrundung mit interessanten Ausblicken auf Wiesenlandschaften, Berggipfel und Wienerwaldsee – leider ganz ohne Bären, dafür mit einigen Beeren am Wegesrand.

Dauer: 1,5–2 Stunden
Anstrengungsfaktor: 3
Kartenblatt: ÖK 58 Baden
Bevorzugte Jahreszeit: Frühling – Herbst
Genußfaktor: 3
Länge: 5,2 km
Höhenamplitude: 292–400 m

Der Spaziergang beginnt am südöstlichen Zipfel des Wienerwaldsees (Parkmöglichkeit unter der Autobahnbrücke), wo der Wolfsgrabenbach in den See übergeht. Von hier zweigt eine Forststraße ab und führt unter der Autobahnbrücke in Serpentinen bergauf, aber nur ein kleines Stück. Als Kind und auch heute noch beeindruckt mich die gigantische Brückenkonstruktion der sogenannten Talquerung Wolfsgraben der A1, der man hier so nahe wie eben möglich kommt. Unheimlich knackende Geräusche im Gebälk tun das ihrige – also rasch unten durch!
Nach einem kleinen Anstieg geht es leicht bergab Richtung Süden, wobei man sich die Sonne ins Gesicht scheinen lassen kann. Jetzt taucht erstmals der Nordabfall des Tabors auf, eine weitläufige, von Hecken durchzogene Wiesenlandschaft. Hier auf den Wiesen brütet auch im Juni der Wachtelkönig, eine Vogelart, die weltweit stark gefährdet ist. Er benötigt weitläufige, offene Wiesenflächen, die möglichst spät im Sommer gemäht werden, da er sein Nest in der Wiese baut und durch das Mähen das Gelege zerstört wird. Im Frühsommer (Mai / Juni) kann man nachts das eigenartige knarrende Geräusch der männlichen Wachtelkönige hören (das wie „krrrk-krrrk" klingt und sich im wissenschaftlichen Namen *Crex crex* wiederfindet), die damit ihr Revier absichern. Zu Gesicht bekommt man den scheuen Vogel allerdings kaum. Er ist etwa wachtelgroß und sieht relativ unspektakulär aus. Als Zugvogel verbringt er den Winter im tropischen Afrika und die Zeit von April bis September bei uns.
Entlang dem abwechslungsreichen Waldrand mit Ausblick auf den kleinen Wienerwaldort Wolfsgraben – die Villa Krätzer mit ihren

Türmen leuchtet weiß herüber – erreicht man die „Untere Beerwartstraße“. Der südexponierte Waldrand ist hier besonders abwechslungsreich, Trauben-Eichen, Stiel- und Zerr-Eichen, Schlehen und in der Krautschicht Akelei, Walderdbeeren…

Ein Wermutstropfen sind die Einfamilienhäuser mit ihren Gärten, die sich unbarmherzig immer weiter in die Wiesenflächen fressen. Ein Problem, das den gesamten Wienerwald betrifft, aber hier in Wolfsgraben in den letzen beiden Jahrzehnten besonders auffällig ist.

Nun geht es die Untere Beerwartstraße nach rechts, weiter entlang dem Waldrand. Nach Überquerung der Trasse der Hochquellwasserleitung, die durch weiße Markierungssteine gekennzeichnet ist, erreicht man die bergauf führende „Obere Beerwartstraße“. Nun führt die kleine Wanderung weiter im Wald, der hier von Rotbuchen (grauer Stamm) und Hainbuchen (grau-gefleckter Stamm) dominiert wird. Wenn man genau schaut, kann man auch einige Tannen entdecken. Die Forststraße biegt nach links, man hält sich jedoch geradeaus und folgt der Markierung. Ein besonders schöner Ausblick bietet sich jetzt auf die entfernten Höhen von Rauchengern, sozusagen den Talschluß des Irenentals, die Gründerzeitvillen von Tullnerbach-Lawies und die Wiesen von Brentenmais, auf denen Schafe als kleine Wollknäuel auszunehmen sind. Die Autobahn durchzieht dieses Bild, besonders auffällig der Kontrast zwischen der Autobahnbrücke und dem sich im Vergleich nahezu zierlich ausnehmenden Viadukt der Hochquellwasserleitung, der übrigens unter Denkmalschutz steht. Ein Stückchen weiter und der Wienerwaldsee kommt ins Blickfeld. Oberhalb befindet sich ein großes ockergelbes Gebäude, das Norbertinum, eine landwirtschaftliche Fachschule, zu der auch die Abhänge zum Wienerwaldsee mit den Ackerflächen gehören.

Äcker sind in diesem Teil des Wienerwaldes heute selten, eine extensive Bewirtschaftung sichert auch der Ackerunkraut-Flora hier ihr Überleben. Das Norbertinum wurde unter Kaiser Franz Joseph als Erziehungsanstalt für Knaben errichtet und beherbergte dreihundert Zöglinge, die hier nicht immer ganz glücklich zu sein schienen, wie aus diversen Berichten zu entnehmen ist. Der Wiener Arbeiterdichter Alfons Petzold, selbst drei Jahre dort im Internat, schrieb: *„... dort aber ein Wesen, daß voll des Bösen war, ein klobiges Stück Menschenholz, das in die Drehbank des geistlichen Unterrichts fest* *eingespannt wurde, daß die Späne flogen. Meinen hundert Kameraden, die mit mir die weißgetünchten, mit billigen Heiligen- und Monarchenbildern behängten Säle und Schulzimmer bewohnten, erging es nicht besser.“*

Die Markierung geht nach links, wir gehen aber geradeaus weiter und sehen nun hinter dem Glaskogel den Sender auf der Sophienalpe und links die Spitze der Aussichtswarte auf dem Troppberg. Vorbei an Kahlschlägen gelangt man wieder zum „Serpentinenweg“ und an das Ufer des Wienerwaldsees. Dieser ist ein künstlich angelegter Stausee, der vor mehr als 100 Jahren im Zuge des Baus der Wiental-Wasserleitung von einer belgischen Firma angelegt wurde. Ursprünglich war geplant, noch drei weitere Wasser-Reservoirs anzulegen: am Dambach, Gablitzbach und Mauerbach. Als die Bauarbeiten zur Errichtung des Wolfsgraben-(auch: Tullnerbach-) Reservoirs, so der frühere Name des Wienerwaldsees, nach dreijähriger Bauzeit 1898 beendet wurden, erstreckte sich eine Wasserfläche von 38 ha auf den ehemaligen sumpfigen Wiesen und Weiden. Ein 240 m langer und bis zu 13 m hoher Damm staut das Wasser aus Wienfluß und Wolfsgrabenbach auf. Bis heute wird das Wasser des Sees als Trinkwasser genutzt – der Stausee stellt die einzige größere Anlage in Österreich dar, die Oberflächenwasser zu Trinkwasser aufbereitet.

Zum Abschluß kann man sich auf die Staumauer des Wienerwaldsees legen und die Beerwart von unten betrachten. Übrigens, der Name Beerwart hat wohl eher etwas mit Bären als mit Beeren zu tun. Viele Flurnamen weisen auf das ehemalige Vorkommen des Braunbären in Österreich hin.

Streuobstwiese am Pfalzberg

Forststraße im Mai

Das Kleine Knabenkraut –
eine gefährdete Orchideenart

11 PFALZBERG

Warum in die Ferne schweifen – der Pfalzberg bietet großartige Ausblicke, Wiesen, in denen man mit der Seele baumeln kann, und Spazierwege, die niemals enden sollten.

Dauer: 1,5 Stunden
Anstrengungsfaktor: 2
Kartenblatt: ÖK 58 Baden
Bevorzugte Jahreszeit: Frühling
Genußfaktor: 1–2
Länge: 4,4 km
Höhenamplitude: 350–470 m

Ausgangspunkt der Wanderung ist die Straße, die von der Pfalzau bei Preßbaum auf den Pfalzberg führt. Hier an der ersten Kurve zweigt eine Forststraße nach rechts in den Wald ab. Die frische Waldluft umfängt einen sofort, wenn man in den kühlen Wald eintaucht, der hier auch von den Bodenbedingungen auf eine frischen (bedeutet in der Botanikersprache ein Mittelding zwischen feucht und nicht ganz so feucht) Standort schließen läßt. Hier gedeihen Esche und Berg-Ahorn, Baumarten, die auf frischen Standorten mit hoher Luftfeuchtigkeit eine eigene Waldgesellschaft bilden, den Eschen-Bergahorn-Schluchtwald. Und schluchtig ist es hier – wir befinden uns am Ende eines Tales, das vom Pfalzberg in das hier beginnende Wiental mündet. Eine der Quellen der Wien, das sogenannte Kaiserbründl (Kaiserin Sisi hat hier ein Schlückchen zu sich genommen), entspringt am Pfalzberg. Auf ihren ausgedehnten Wanderungen durch den Wienerwald hat Kaiserin Elisabeth auch öfter den Pfalzberg besucht. Diese Wanderung wäre ihr aber mit Sicherheit zu wenig anstrengend gewesen, wird doch berichtet, daß sie von Preßbaum über den Pfalzberg nach Hochstraß und dann bei der hinteren Pfalzau über den Sattelberg zurück nach Preßbaum marschierte, und das in fünfdreiviertel Stunden. Sie fuhr dann mit dem Zug von Preßbaum nach Hütteldorf und ging von dort noch zu Fuß weiter zur Hermesvilla im Lainzer Tiergarten. Sogar die sie begleitenden Militäradjutanten schienen danach geschafft zu sein.
Die Forststraße führt nun nach einer Rechtskurve zu einer Gabelung, wo man der nach links leicht bergauf führenden Straße folgt. Der Wald hat sich jetzt zu einem Eichen-Hainbuchen-Wald gewan-

delt. Eine Besonderheit am Pfalzberg ist, daß hier Waldgesellschaften dreier verschiedener Höhenstufen aufeinander treffen: der vorhin genannte Eichen-Hainbuchen-Wald, der in tiefgelegenen Hügelländern der collinen Stufe seinen Verbreitungsschwerpunkt hat, der Buchen-Wald, der für die submontane Stufe charakteristisch ist, und schließlich der die montane Stufe repräsentierende Fichten-Tannen-Buchen-Wald, bei dem auch Nadelhölzer wie die Tanne und Fichte der Rotbuche stärker beigemischt sind. In der Strauchschicht kann man hier überall die kleinen Tannenschößlinge sehen, die dann leider in der späteren Phase der Waldbewirtschaftung „herausgenommen", sprich umgeschnitten, werden. Der Grund dafür: Tannenholz erzielt keine guten Preise am Holzmarkt.
Nun sollte man einen kleinen Abstecher nach links, auf die Wald-Wiese machen, die, wie der Großteil der Wiesen am Pfalzberg, sehr artenreich und bunt ist. Auf einigen Feuchtstellen kommen das Wollgras (weiße Wollbällchen) vor, ebenso wie Orchideen (Knabenkraut-Arten), die Zeiger der extensiven Bewirtschaftung sind.
Noch ein kleines Stück auf dem Waldweg, vorbei an Waldmeister und Veilchen, und die weitläufige Wiesenlandschaft, welche die flachen Kuppen des Pfalzberges einnimmt, liegt vor den Augen des Wanderers. Schon sieht man rechts das Grün der ersten Wiesen durchschimmern. Es ist dies eine Wiese mit Obstbäumen – und in dem Graben sind einige seltsam verstümmelte Baumgestalten zu sehen. Die Äste sind bis zum Stamm abgeschnitten und bilden dort Verdickungen. Es sind sogenannte „Kopfweiden", deren Zweige vor Ostern traditionell als Palmkätzchen abgeschnitten werden.
Zurück zum markierten Weg, und nach einigen Metern erreicht man auch hier den Waldrand. Wunderschöne Ausblicke begleiten nun den Wanderer – es ist dies sicher einer der schönsten Wege, sich der Wiesenlandschaft des Pfalzberges zu nähern. Vorbei an einem ehemaligen Bauernhof – die Wiesen rundherum sind verpachtet, wie die Besitzerin des Bauernhofes, die nur mehr einen kleinen Gemüsegarten bewirtschaftet, erklärt, und werden zweimal im Jahr von einem Bauern aus der weiteren Umgebung gemäht. Die erste Mahd findet erst Ende Juni statt, so haben die Blütenpflanzen genügend Zeit, Samen zu bilden und für ihren Fortbestand zu sorgen.

Wir sind nun an einer geschotterten Straße angelangt und biegen nach links ab.
Der sich Richtung Süden bietende Ausblick erinnert an Waldmüller'sche Wienerwaldbilder – nahezu eine romantische Bilderbuchlandschaft des Biedermeiers, die man heute im Wienerwald kaum mehr findet. Das Tal unterhalb zur Rechten ist die Pfalzau – ursprünglich ein schmales Wiesenband entlang des Baches mit einigen Bauernhäusern und alten Villen – in den letzten Jahrzehnten aber durch zunehmende Bautätigkeit immer mehr zersiedelt. Man kann jetzt die Straße weiter gehen und gelangt ab Beginn des Waldes nach ca. 800 Metern wieder zum Ausgangspunkt.
Um das ungebremste Wiesengefühl noch weiter auszuleben, empfehle ich, den markierten Weg weiter zu verfolgen, der am Rand der Wiese in die Pfalzau führt. Ende April / Anfang Mai kann man hier eine wahre Orchideen-Pracht antreffen. Die Wiesen sind von purpurfarbenen Knabenkräutern (*Dactylorhiza majalis, Orchis morio*) übersät, in einer Dichte, wie ich dies selten gesehen habe. Der Grund dafür liegt in der extensiven Bewirtschaftung der Wiesen, die kaum gedüngt werden. In der Pfalzau (Gasthaus) angelangt, hält man sich links und folgt der Beschilderung „Waldweg nach Preßbaum". Der Weg, leider durch wenig attraktives Fichtendickicht und Jungwuchs, führt nach ca. 1 km wieder zu der Straße, die bergauf nach 500 m den Ausgangspunkt berührt.

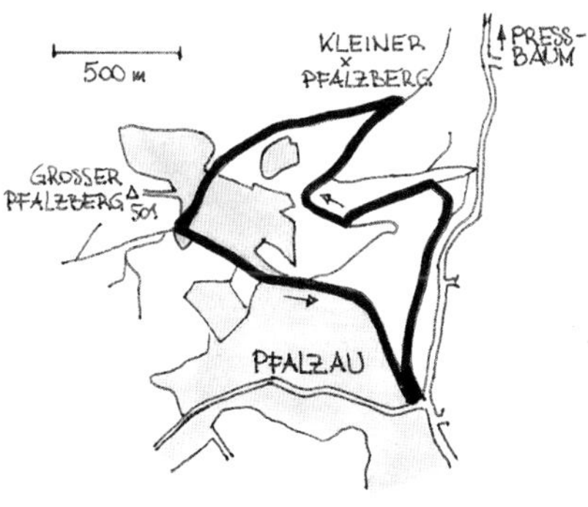

Romantische Wiesenwege durchziehen
die abwechslungsreiche Landschaft

Schönheit am Wegesrand: Schmalblatt-Weidenröschen

12 LAABER IMPRESSIONEN

Spaziergang durch pastorale Wiesen- und Weidelandschaften, Ausblicke auf friedlich grasende Rinder und bunte Wiesen beruhigen gestreßte Großstadtgemüter.

Dauer: 1,5 Stunden
Anstrengungsfaktor: 2
Kartenblatt: ÖK 58 Baden
Bevorzugte Jahreszeit: Frühling – Herbst
Genußfaktor: 3–4
Länge: 5,8 km
Höhenamplitude: 329–440 m

Der Spaziergang beginnt beim Kloster in Laab im Walde, das auf einer kleinen Anhöhe liegt. Von hier bekommt man schon einen guten Eindruck von der Landschaft, die einen erwartet: es sind sanft geschwungene, grüne Hügel, die den kleinen Ort Laab im Walde umgeben – Wiesen, Äcker und Weiden, gegliedert durch Hecken und Baumgruppen, Wald auf den Bergkuppen. Aber auch die Problematik der ungebremsten Bautätigkeit ist von hier zu sehen. Das Siedlungsgebiet hat sich in den letzten zehn bis fünfzehn Jahren ungefähr verdoppelt. Laab zählt zu den Gemeinden mit der höchsten Zunahme an Gebäuden und Bevölkerung im Wienerwald in den letzten Jahren.
Wir folgen der asphaltierten Straße am Kloster vorbei bergauf. Links befindet sich der Klostergarten, der leider nicht einsichtig ist. Klostergärten sind für Pomologen eine wahre Fundgrube – hier können alte Obstsorten entdeckt werden.
Gleich oberhalb des Klosters befindet sich der Annahof, der Landwirtschaftsbetrieb des Klosters. Von hier aus werden die umgebenden Wiesen und Äcker bewirtschaftet, und hier werden auch die Produkte aus der biologischen Landwirtschaft direkt verkauft. Jeden Freitag kann man Milchprodukte, Getreide, Gemüse und Fleisch sowie viele andere, von den Klosterschwestern produzierte Schmankerln einkaufen. Frischmilch ist rund um die Uhr aus einem Milchautomaten erhältlich.
Nun geht es vorbei an den Stallungen und der modernen Molkerei des Hofes Richtung Wald. Hinter den Stallungen beginnen die Weideflächen, die beinahe an englische Landschaften erinnern. Hervorgerufen wird dieser Eindruck durch den parkartigen Charakter

der Landschaft, der sich in alten Eichen, Hecken und Baumgruppen sowie friedlich grasenden Jersey-Rindern manifestiert.
Der Weg führt durch den Wald, einen Eichen-Hainbuchen-Wald und über eine Wiese / Weide zu der oberhalb liegenden Forststraße. Auf dieser geht es nach rechts. Die Stimmung ist hier wirklich sehr friedlich – die im Schatten liegenden widerkäuenden Rinder, darunter Laab mit dem Kirchturm und dahinter die bewaldeten Hügel des Lainzer Tiergartens.
Nach wenigen Metern auf der Forststraße sieht man, getrennt durch einen schmalen Waldstreifen, von der Forststraße die nächsten Wiesenflächen. Wir können auf einem kleinen, nach rechts abzweigenden Pfad der Wiese einen Besuch abstatten. Laut Biotopkartierung ist dieser östliche Teil der Wiese eine Pfeifengraswiese. Diese Wiesenart ist eine Feuchtwiese, auf der das Pfeifengras dominiert – eine Grasart, die relativ spät austreibt und erst im Hochsommer zur Blüte gelangt. Im Herbst verfärbt sich das Pfeifengras charakteristisch orangerot und hat früher sicher mancherorts das Landschaftsbild geprägt. Das Heu aus dem hochwüchsigen Gras wurde als Einstreu für die Ställe verwendet und auch zum Pfeifenputzen, daher der Name. Ein wichtiger ökologischer Faktor für die Pfeifengraswiese ist, daß sie erst im Herbst gemäht wird. Wird sie zu früh gemäht, so hat das spät austreibende Pfeifengras keine Überlebenschance und wird von anderen Wiesengräsern verdrängt.
Zurück zu unserer Wiese – was müssen wir hier sehen: es ist Ende Juni, und die Wiese ist zum Großteil schon gemäht. Nur kleine Naßflächen, auf denen Binsen dominieren, wurden stehen gelassen. Pfeifengraswiese ade! Dieses Beispiel zeigt deutlich, daß Flächen, für deren Produkte keine Verwendung mehr besteht (wer braucht heute noch Pfeifengras als Stalleinstreu?), zu den gefährdetsten Biotoptypen zählen. Die nächsten Pfeifengraswiesen kann man im Lainzer Tiergarten finden, der als Naturschutzgebiet behandelt wird und in dem daher auch noch Platz für diesen Wiesentyp ist.
Die Forststraße ist sonnenexponiert, da sich auf der linken Seite Kahlschläge befinden, aber am Vormittag hat man die Sonne im Rücken, was auch recht angenehm sein kann.
Bevor die Forststraße eine Kurve nach rechts macht, lohnt sich ein kurzer Abstecher nach links – einige Meter durch den Wald, und man

steht vor einer von Summen und Zirpen erfüllten Wiesenlandschaft und kann den Ausblick Richtung Hochrotherd genießen. Die Wiesen hier sind magere, blumenreiche Trespen-Halbtrockenrasen, besonders schön ist der rechts oberhalb liegende Teil!
Zurück zur Forststraße und weiter bis zu einem Umkehrplatz. Von hier zweigt ein Waldweg nach rechts ab und führt ca 500 Meter bergab durch den Wald, bis man wieder Wiesen erreicht. Ein schmaler, eingezäunter Weg (ist gleichzeitig ein Reitweg) führt ein kurzes Stück durch die Wiesen bis zu einer geschotterten Straße. Dort nach rechts, vorbei an Getreideäckern und bei der nächsten Kreuzung wieder nach rechts, Richtung Laaber Kirchturm. Nun an dem Bauhof der Gemeinde vorbei und dann die Straße nach rechts bergauf zu einem Haus. Dort nach links Richtung Laaber Gemeindewald, durch den man zum Kloster zurückgelangt. Zuvor durchquert man einen Golfplatz, der gut zu dieser „englischen Wanderung" paßt.
Nun ist der Waldrand erreicht. Hier erklärt eine Hinweistafel, daß die Gemeinde ihren Wald naturnah bewirtschaftet und einen Teil dem österreichischen Naturwaldreservate- Programm zur Verfügung stellen will. Naturwaldreservate sollen repräsentativ sämtliche in Österreich vorkommende Waldtypen schützen, in den Reservaten soll die natürliche Entwicklung des Waldes zugelassen werden. Das bedeutet, daß diese Reservate nicht forstlich genutzt werden. Und tatsächlich sieht man hier Totholz und verschiedene Altersklassen der Bäume, vor allem Eichen und Hainbuchen.
Ein Stück durch den Wald und man ist wieder beim Kloster, dem Ausgangspunkt dieses erholsamen und entspannenden Spazierganges.

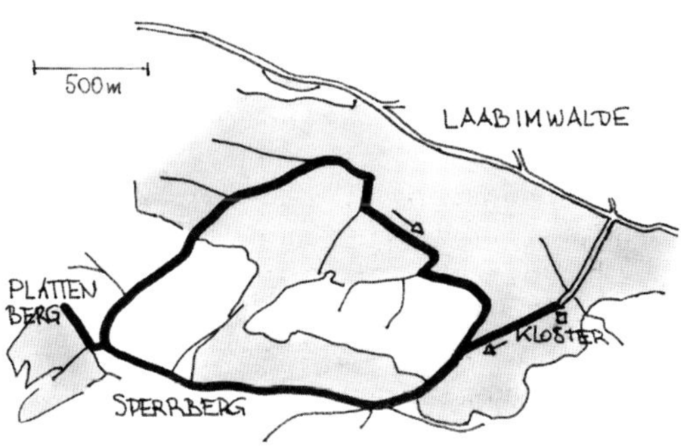

Pferdekoppel in Ranzenbach – die Pferdehaltung im Wienerwald hat in den letzten Jahren stark zugenommen

Siedlungshaus aus den zwanziger Jahren

Blüte des Mädesüß mit charakteristischem süßem Geru

13 WIEDERSEHEN MIT RANZENBACH

Auf Forststraßen rund um den Ranzenberg bei Klausen-Leopoldsdorf, vorbei an großflächigen Kahlschlägen und Aufforstungen und durch forstwirtschaftliche Intensivnutzung beeinträchtigte Waldlandschaften. Schöne Ausblicke, Wiesen und eine architektonische Besonderheit am Ende der Wanderung entschädigen ein wenig.

Dauer: 1,5 Stunden
Anstrengungsfaktor: 2
Kartenblatt: ÖK 57 Neulengbach
Bevorzugte Jahreszeit: Frühsommer
Genußfaktor: 1
Länge: 4,6 km
Höhenamplitude: 430–513 m

Ranzenbach und seine Umgebung zählten einmal zu meinen Lieblingsgebieten. Alte Wälder mit Rotbuchen und Tannen, schattige Waldstraßen und ein wunderbare Stille und Abgeschiedenheit machten den Reiz dieser entlegenen Gegend aus. Das war vor mehr als zehn Jahren. Die Stille und Abgeschiedenheit sind noch immer da, aber inzwischen hat sich die Landschaft durch intensive Kahlschlagwirtschaft und großflächige Aufforstungen mit Fichten sehr zum Nachteil verändert. Trotzdem oder gerade deswegen schlage ich eine Wanderung hier vor.
Das Gebiet liegt im zentralen Teil des Wienerwaldes, dort, wo der Wald dominiert und noch größere zusammenhängende Waldgebiete existieren, die kaum durch Straßen zerschnitten sind. In dieser Kernzone des Wienerwaldes ist auch die Zersiedelung noch nicht so weit fortgeschritten, dafür gibt es aber andere Bedrohungen. Die wenigen hier vorhandenen Wiesen werden sukzessive aufgeforstet, da es immer weniger Bauern gibt und das Heu nicht mehr benötiget wird. Das ist gerade in dieser waldreichen Gegend ein großer Nachteil für das Landschaftsbild. Ein Waldanteil von über 70 % wird zudem als wenig angenehm empfunden, ist doch der Mensch als ursprünglicher Savannenbewohner auf halboffene Landschaften geprägt.
Die Wanderung beginnt an der Straße, die von Preßbaum nach Klausen-Leopoldsdorf führt, ca. 2 km nach der „Paßhöhe“ des Hengstls. Auf der rechten Seite bei einer Bushaltestelle befinden sich einige Gebäude, gegenüber auf der linken Seite eine Wiese. Hier

folgt man der weiß-rot-weißen Markierung mit dem Hinweisschild „Ober-Kniewald-Jochgrabenberg". Der markierte Weg führt hinter den Häusern über den Aggsbach. Danach durchquert man einen Schwarzerlen-Bruchwald mit Bärlauch-Fluren im Unterwuchs. Hier kann es manchmal recht morastig sein. Bald ist man aber wieder im Trockenen, und nach ca. 700 Metern leicht bergauf erreicht man eine wunderschöne Waldwiese, auf der im Mai / Juni die gelb-lila Farbpalette vorherrscht. Gelb blühen Pippau (schaut aus wie ein verzweigter großer Löwenzahn) und Wiesen-Bocksbart (ebenfalls ein Korbblütler), lila die Wiesen-Glockenblumen, Witwenblumen und die Knäuel-Glockenblume (niedriger als die Wiesen-Glockenblume und dünklere Blüten, die am Stengel sitzen), sie ist gefährdet, ebenso wie die purpurne Pannonische Kratzdistel, dazwischen weiße Tupfer von Mädesüß (doldenförmiger Blütenstand, vor dem Aufblühen zartrosa überhaucht, gefiederte Blätter). Die Wiesenfläche reichte früher viel weiter hinunter – der untere Teil wurde, wie könnte es anders sein, mit Fichten aufgeforstet. Vom Typ her ist die Wiese eine der typischen wechselfeuchten Wiesen des Wienerwaldes, hier kommen sowohl Feuchte-Zeiger (Kratzdistel) als auch Trockenheitszeiger (Aufrechte Trespe, Wiesen-Salbei, ...) vor.
Der Weg führt am Rand der Wiese entlang. Im oberen Bereich befindet sich eine kleine Ackerfläche, die von Acker-Wildkräutern überwuchert ist. Interessant, denn hier in dieser Gegend gibt es kaum Äcker, und die Fläche ist sozusagen eine Art von Zuchfluchtsstätte oder Schaugarten für die Unkrautflora dieses Gebiets.
Am oberen Teil der Wiese führt ein Weg nach links, der nach einigen Metern zu einer Forststraße führt, auf der man dann nach rechts abbiegt. Und hier beginnt das Desaster. Der Wald besteht aus einem Mosaik aus Kahlschlägen und Fichten-Aufforstungen, wie ich sie in diesem Ausmaß im Wienerwald noch selten gesehen habe. Als Tüpfelchen auf dem i wurden die Randbereiche des Waldes zur Forststraße wie mit einer Heckenschere beschnitten, so daß die kurzen Stummel der abgeschnittenen Fichtenäste aus dem Dickicht herausragen. Ob derjenige, der das auf dem Gewissen hat, wohl kurz zuvor in Schönbrunn war und sich dort Inspirationen holte?
Der markierte Weg führt jetzt nach rechts, man folgt der Forststraße aber geradeaus.

Es geht leicht bergab, und man stößt auf die „Kleine Gern-Straße", auf der es nach links geht. Kurz danach zweigt ein markierter Weg von der Forststraße nach links ab und führt über einen Bach. Dieser Weg ist hier ziemlich unwegsam und führt durch Brombeer- und Binsengestrüpp. Vereinzelt sieht man noch ein paar Exemplare der schönen alten Baumriesen, die bis vor kurzen diesen Wald bildeten. Man erkennt nun schon die Wiesenflächen von Ranzenbach, und nach wenigen Metern führt der Weg aus dem Wald heraus. Nun erwartet den Wanderer als Entschädigung eine richtige Idylle. Auf den Wiesen summt und zirpt es, die Gräser wiegen sich im Wind, und die Pferde des unterhalb liegenden Reiterhofes grasen friedlich auf den Koppeln. Der markierte Weg führt weiter am Rand der Wiese entlang und dann zu einer geschotterten Fahrstraße. Hier sieht man schon die ersten Holzhäuser einer wundersamen Siedlung. Es sind dies zehn identische Häuschen mit Balkonen und dahinterliegenden Scheunen, die entlang dieser Straße aufgereiht sind. Wie ein Bewohner mir erklärte, wurden sie in den zwanziger Jahren erbaut, und damals besaß jedes Haus auch einen Streifen Acker- bzw. Wiesenfläche. Heute werden die Häuser als Wochenend-Domizile genutzt, und die Besitzer genießen die Stille in dieser wunderschönen Umgebung. Der Blick reicht hier bis zum Schneeberg. Wir folgen der Forststraße und sind nach ca. 1 km wieder auf der Hauptstraße, wo wir nach links abbiegen und nach kurzem die Wanderung beenden.

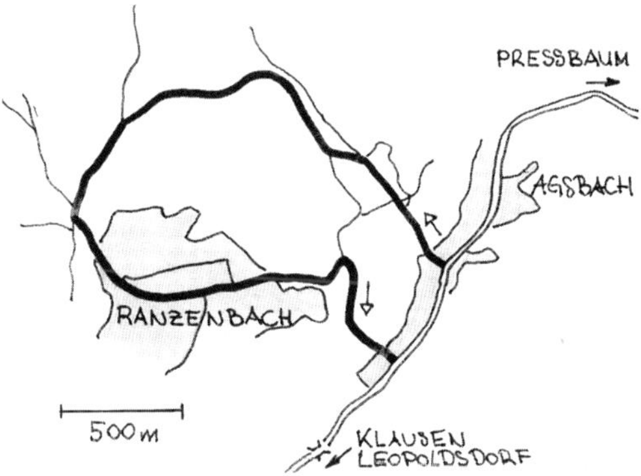

Wiese bei Klein-Krottenbach – das gelbblühende Echte Labkraut weist auf Verbrachung hin

Versteckte, zart blühende Zyklamen im Unterwuchs

14 BÄRENGRABEN

Wanderung durch biedermeierlich anmutende Wienerwaldlandschaft, vorbei an verträumten Weilern, blumenreichen Wiesen, schattigen Schluchtwäldern – vielfach eine Idylle, wäre da nicht die Autobahn...

Dauer: 2 Stunden
Anstrengungsfaktor: 2–3
Kartenblatt: ÖK 57 Neulengbach
Bevorzugte Jahreszeit: Frühling – Sommer
Genußfaktor: 3
Länge: 8,5 km
Höhenamplitude: 417–516 m

Diese Wanderung führt in jenen Teil des Wienerwaldes, wo bereits so „alpine" Flurbezeichnungen wie Kleinmariazell, Untergrödl, Lammerau oder Bärengraben auftauchen und auf einschichtige Bauerngehöfte inmitten einsamer Wälder schließen lassen.
So könnte man meinen, und so ist es auch, wäre da nicht die A21, Verbindungsautobahn zwischen West- und Südautobahn, die im Hinblick auf die Natur im Wienerwald nicht verbindet, sondern zerschneidet. Gerade dieser zentrale, noch relativ unzersiedelte Teil des Wienerwaldes ist dadurch massiv beeinträchtigt worden.
Wenden wir uns netteren Dingen zu und beginnen wir mit der Wanderung. Man begibt sich von Klausen-Leopoldsdorf Richtung Laaben, St. Corona / Schöpfel, biegt aber bei der Abzweigung nach St. Corona nicht nach links ab, sondern hält sich geradeaus. Nach ca 1,5 km zweigt nach rechts ein Weg (zwischen zwei Häusern) ab. Hier beginnt die Wanderung. Nach der Überquerung des Lammeraubaches und gleich danach des Gaisrückenbaches, der hier in den Lammeraubach mündet, ein Hinweisschild: „Wanderweg: Gaisrücken – Schlottleiten – Hasenriegel". Der Wanderweg, eine geschotterte Straße, die gleichzeitig die Zufahrt zu dem weiter hinten liegenden Weiler Gaisrücken ist, führt am Waldrand entlang und wird auf der linken Seite von Wiesen begleitet. Der Weg führt nach Westen, und man hat am Nachmittag die Sonne im Gesicht – an einem heißen Sommertag vielleicht nicht das Angenehmste, daher die Wanderung auf den Vormittag verlegen! Nach eineinhalb Kilometern erreicht man den Weiler Gaisrücken – eine alte Rodungsinsel, auf der wahrscheinlich schon

vor Jahrhunderten Geißen gehalten wurden und wo heute noch friedlich Schafe grasen, glückliche Hühner gackern und Rosenbüsche sich um Zaunpfosten ranken. Am Rande der Wiese sieht man noch die alte, gemauerte Stauvorrichtung, mit der die Holztrift durchgeführt wurde. Insgesamt befanden sich in Klausen-Leopoldsdorf sieben derartige Stauwerke oder Klausen, daher auch der Name. Gleich danach dreiteilt sich die Forststraße. Man nimmt davon die nach rechts abzweigende, das ist diejenige, die in den Bärengraben führt, und schaut, was es mit diesem auf sich hat. Viele Ortsbezeichnungen enthalten den Namen „Bären" und weisen darauf hin, daß hier einst Braunbären lebten. Heute sind sie hier leider nicht mehr anzutreffen. Schade, behauptet doch der amerikanische Wildbiologe Aldo Leopold, *„die Anwesenheit eines Bären verändert den Geschmack einer Landschaft"*. Diesen Geschmack kann man hier nicht mehr nachvollziehen, dazu müßte man sich schon in die steirisch-niederösterreichischen Kalkalpen rund um den Ötscher begeben, wo eine der beiden insgesamt 25–30 Bären umfassende und durch Wiederansiedlung entstandene Bärenpopulation Österreichs lebt.
Vorerst ist das, was man sieht, wirklich nicht sehr einladend: Kahlschläge und Fichtenaufforstungen. Links und rechts der Forststraße tauchen bald die beiden Bärengraben-Wiesen auf: interessante, großflächige Wiesen, die Ende Juni noch nicht gemäht waren – ein Zeichen, daß ihr Heu nicht mehr benötigt wird und sie daher wahrscheinlich bald nicht mehr vorhanden sein werden. Ihr weiteres Schicksal ist die Aufforstung oder die Verbrachung, ewig schade!
Der Bärengraben wird von einem stark mäandrierenden Bach durchflossen, der ein Stück weiter oben zu einem Teich aufgestaut ist. Daß das Gebiet einst sehr abgelegen und schwer erreichbar war, läßt sich erahnen, und daß hier Bären ihren Aufenthalt hatten, ist gut vorstellbar. Mit der Aufschließung des Gebietes und der forstlichen Nutzung sind die Bären wahrscheinlich verschwunden. Ein entferntes Rauschen kündigt nun die Autobahn an. Die Straße führt jetzt bergauf. Man über-, besser gesagt, unterquert die Autobahn auf dem markierten Weg. Links liegt nun das Tal des kleinen Krottenbaches und rechts die Autobahn. Die Straße führt bergab durch einen schattigen Rotbuchenwald, der eigentlich dem Standort nach ein Schluchtwald mit Bergahorn und Eschen sein sollte, wie

auch die kleinen Ahorn- und Eschenbäumchen in der Strauchschicht zeigen. Bergahorn und Eschen wurden jedoch aus forstlichen Gründen zugunsten der Buche entfernt. Auf der Hangseite gegenüber liegen zwei weitere schöne Wiesen. Der unteren statten wir einen Besuch ab: auf der Fischerwiesenstraße nach links abbiegen und den Bach überqueren, dann wieder links. Die Wiese ist im Juli ebenfalls noch nicht gemäht und vom gelbblühenden Echten Labkraut überzogen, ein Zeichen, daß auch sie verbracht oder nur mehr selten gemäht wird. Die beiden Wiesen scheinen ebenso wie die beiden Wiesen im Bärengraben von der Nutzungsaufgabe bedroht.
Nun geht es noch ein Stück die Forststraße bachabwärts, vorbei an Fichtenforsten, und dann ist die Wiesenlandschaft von Klein-Krottenbach erreicht. Kleine Bauernhöfe liegen verstreut in den Wiesen, die sich etwa zweieinhalb Kilometer bachabwärts erstrecken. Leider muß man sich von dieser Idylle bald losreißen, denn der markierten Weg führt nach rechts, in die „Rennwegstraße". Vorbei an einer Wiese und wieder in den Wald, bei der Gabelung rechts halten (die Markierung ist hier schon ziemlich verblichen). Die Forststraße nähert sich jetzt wieder der Autobahn. Der Weg führt nun unter der Autobahn hindurch, die sich hier in einer leichten Rechtskurve an den Bärengrabenberg schmiegt. Anschließend folgt man der Forststraße bergab, und nach fünf Minuten sind die Wiesen entlang des Lammeraubaches erreicht. Vor einem Häuschen geht es nach rechts und entlang des Lammeraubaches bachaufwärts, bis der Ausgangspunkt der Wanderung wieder erreicht ist.

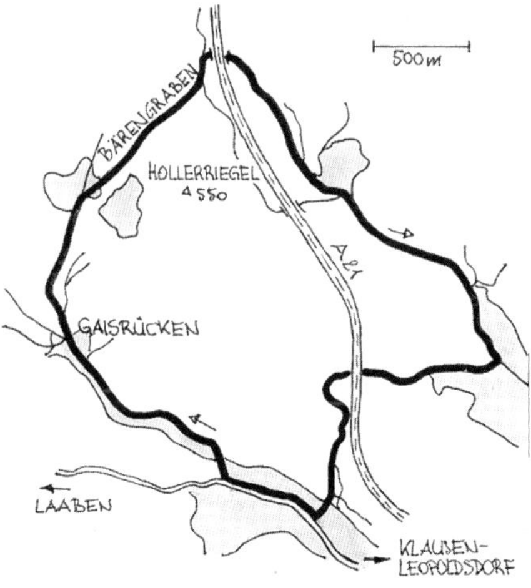

Das Ende der Grafenbergstraße – Eintauchen in den Wald

Hochstämmiger Buchenwald am Anstieg zum Kamm der Drei Berge

15 DREI BERGE UND EINIGE TÄLER

Waldwanderung im Herzen des Wienerwaldes, eigentlich zu allen Jahreszeiten ein Erlebnis – besonders aber im Herbst, wenn die Baumkronen der Buchen in satten Farben leuchten.

Dauer: 2 ½ Stunden
Anstrengungsfaktor: 2
Kartenblatt: ÖK 58 Baden
Empfohlene Jahreszeit: Herbst

Genußfaktor: 3
Länge: 6,7 km
Höhenamplitude: 400–554 m

„Drei Berge" nennt sich ein Südost-Nordwest gerichteter Bergrücken südlich von Wolfsgraben, der gleichzeitig die Wasserscheide zwischen Wienfluß im Norden und der Schwechat im Süden darstellt, ein geomorphologisches Grenzgebiet sozusagen.
Die Wanderung beginnt zwischen Hochroterd und Großhöniggraben, an der Straßenkreuzung Hochroterdstraße – Grafenbergstraße. Über letztere gelangt man nach gut 400 m zum Waldrand und folgt der roten Markierung. Der leichte Anstieg auf den Rücken der Drei Berge führt anfangs durch einen Hohlweg, an dessen Böschungen splittrig, schiefrige Sandsteinblättchen ausgewaschen sind. Rundblättriges Labkraut, Weißes Veilchen und Haarmützenmoos begrüßen einen fast in Augenhöhe. Links fällt der Blick auf eine der im Wienerwald seltenen Viehweiden, jene des Grafenberges. Es geht stetig ansteigend weiter entlang der roten Markierung durch hochstämmigen Buchenwald. Bald gibt ein Waldschlag links die Sicht über die Wienerwaldlandschaft hinaus bis zum Schneeberg frei. Danach geht es vorbei an Aufforstungen und der typischen Schlagvegetation mit Himbeeren, Brombeeren und Land-Reitgras.
Nun ist die erste Anhöhe der Drei Berge erreicht. Der Gipfel liegt 100 m links vom Weg. Besonders in diesem Bereich tritt ausgewaschener Sandsteinschotter der Laaber Decke zutage. Dunkelgrüne Polster des Haarmützenmooses wachsen dort, wo das Fallaub rasch verblasen wird und es Moospflänzchen nicht überdeckt.
Nach diesem „Gipfelsturm" kehrt man wieder auf den Weg der Kammlinie zurück. Hochstämmiger Buchen-Tannen-Wald, in dem

bereits die nächste Generation junger Bäume die Strauchschicht bildet, umgibt den Wanderer.
Auf der Kammlinie steigt man zum nächsten Gipfelkuppenbereich auf, hier schlängelt sich der gut markierte Weg einmal links, einmal rechts zwischen den Anhöhen durch. An einer Feuchtstelle über Tonmergel wächst die größte aller heimischen Segge-Arten, die Hänge-Segge. Mehrere Ähren, meist vier bis fünf, hängen am bis zu eineinhalb Meter langen Stengel, der einem kräftigen Horst entspringt. Diese Segge ist im Flysch-Wienerwald an beschatteten Feuchtstandorten häufig anzutreffen.
Nach der nächsten und letzten der drei Kuppen, die den Drei Bergen ihren Namen gegeben haben, führt der Weg bergab durch hochstämmigen Buchenwald. Hier steigt man über dicke Stränge der flach wurzelnden Buchen, neben dem Weg stehen giftige Fliegenpilze, oft wie im Bilderbuch. Ab Oktober, und hauptsächlich im November ist hier auch der Nebel-Trichterling nicht selten. Er kann Verdauungsstörungen hervorrufen, daher sollte man diesen Pilz auch nicht sammeln, obwohl er Ähnlichkeit mit dem Eierschwammerl besitzt. Die Irrmeinung, ein von Tieren angenagter Pilz könne dem Menschen nicht schaden, sollte dabei ebenso aufgegeben werden.
Auf eine querende Forststraße verläßt man den rot markierten Wanderweg und biegt in die Forststraße nach rechts. Auf dem Weg, der nun entlang der Nordflanke der Drei Berge führt, befindet sich auf halber Wegstrecke eine quellnasse Einkerbung: hier, von Schwarz-Erlen gesäumt, ist das Ursprungsgebiet eines Zubringers zur Kalten Wien. Am Hanganriß der Forststraßenböschung ist eindrucksvoll die Schichtung schiefriger Gesteinslagen, von Moosen bewachsen, auszunehmen. Überhaupt herrscht hier ein ziemlich feuchtes Lokalklima, das sich auch in der Vegetation widerspiegelt: es gedeihen Hänge-Segge, Ruprechtskraut, Knoten-Braunwurz, Flügel-Braunwurz, Zottiges Weidenröschen und Roß-Minze. Oberhalb der Forststraßenböschung deckt der Berg-Schwingel, ein ansehnliches Waldgras, den frischen Boden. Ausgehend von Südwestasien über Südosteuropa erreicht der Berg-Schwingel etwa auf der Linie Günser Gebirge – Bucklige Welt – Niederösterreichische Kalkvoralpen – Wienerwald – Dunkelsteiner Wald – Wachau – Gföhler Wald die Nordwestgrenze seines Verbreitungsgebietes und

tritt hier besonders im Wienerwald noch einmal massiver in Erscheinung.
An der Forststraßenkreuzung, wo ein Rastplatz zum Verweilen einlädt, biegt man in spitzem Winkel nach rechts, um die nächsten zwei Kilometer an der Nordostflanke der Drei Berge die Rundwanderung fortzusetzen. Die Forststraße führt an tief eingeschnittenen Quellgräben vorbei, und nach circa 1,7 Kilometern trifft man auf eine Schlagfläche mit Buchenjungwald und einer einzelnen, frei stehenden, von Weitem sichtbaren Lärche. Der Nadelbaum, der seine Nadeln alljährlich abwirft, verfärbt sich im Herbst gelb. Besonders in niedrigeren Höhenlagen des Wienerwaldes wurde die Lärche forstlich eingebracht, obgleich Pollenanalysen das natürliche Vorkommen der Lärche im Wienerwald bestätigen.
Eine kleine Bank am linken Wegrand lädt erneut zur Rast ein. Danach beginnt die Forststraße in einer Rechtskurve steiler bergab zu führen und senkt sich zum Quellgebiet des Wolfsgrabenbaches. Die Quellgräben sind hier tief eingeschnitten, und die Forststraßenböschung ist mit einer 18 Meter langen, bemoosten Stützmauer gesichert. Hier gelangt die Esche zur Vorherrschaft. Sie zeigt mit ihrem Auftreten im feuchten Graben, daß es der sonst konkurrenzstarken Buche auf einem derartigen Standort nicht mehr gelingt, Fuß zu fassen.
Nun überquert man den tief eingeschnittenen Quellgraben und folgt dem Lauf des Wolfsgrabenbaches, der etwa sechs Meter unterhalb im Talboden mäandriert. Ab der Linkskurve geht es noch ungefähr 150 m auf der Forststraße, kurz danach biegt man nach rechts in einen markierten Fußweg ein. Die nächsten 400 m geht es durch dichten Jungwald geradlinig und immer steiler werdend bergauf bis zur Straße Richtung Großhöniggraben. Nun biegt man nach rechts ein, wo nach etwa 600 m wieder der Ausgangspunkt der Rundwanderung erreicht ist.

Gegenüber dem Graben stehen besonders hochwüchsige Buchen am Waldrand

Tollkirschen am Wegrand – die giftigen Beeren reifen ab September

16 DIE RIESEN VOM FESTENBERG

Eine Bergumrundung für hygrophile Gemüter, was noch nicht bedeutet, daß man auf der Wanderung versumpft...

Dauer: 1 ½ Stunden
Anstrengungsfaktor: 1
Kartenblatt: ÖK 58 Baden
Empfohlene Jahreszeit: Herbst
Genußfaktor: 3
Länge: 3,5 km
Höhenamplitude: 310–420 m

Der Festenberg liegt an der Reichen Liesing zwischen Breitenfurt Ost und Breitenfurt West. Er gehört jener Bergkette an, welche Dürre Liesing und Reiche Liesing trennt, und ist dem Eichberg bei der Wöglerin nordöstlich vorgelagert.
Man beginnt die Festenberg-Umrundung 100 m südlich der Hauptstraße beim Gasthof „Wiesenwirt". Direkt gegenüber dem Haus mit der Adresse Hauptstraße Nr. 55 zweigt die Zufahrt zum Wiesenwirt bei einer nahe gelegenen Autobushaltestelle von der Hauptstraße ab. Vom Wiesenwirt geht man über eine Brücke, die über die Reiche Liesing führt, zunächst auf der Zufahrtstraße in Richtung Hauptstraße zurück. Nach circa 80 m geht es in spitzem Winkel nach rechts, Richtung Süden, in eine Forststraße mit grüner Markierung und Wegschranken, man quert die Dürre Liesing ein zweites Mal und erreicht nach einem Reitstall und Pferdekoppeln den Waldrand und eine quer vor einem liegende, den Waldrand entlang führende Forststraße, in die man nach links, Richtung Osten, einbiegt.
Rechter Hand befindet sich Laubmischwald mit Buche, Zerr-Eiche und Hainbuche, den linken Forststraßenrand säumen Eschen. Im feuchten Straßengraben stößt man auf den Riesen-Schachtelhalm, von dem schon bis zu zwei Meter hohe Exemplare gefunden worden sind. Derartig hochwüchsig ist die Pflanze nur, wenn sie in Konkurrenz mit Hochstauden den Weg zum Licht sucht. Hier ist diese Sporenpflanze deutlich kleiner.
Unterhalb des Waldrandes dehnt sich Mähwiesengebiet entlang des Talbodens der Reichen Liesing aus, und rechts liegt hinter einem schmalen Laubmischwaldstreifen ein dunkler Nadelwaldforst. Dieser Abschnitt der Forststraße wird vielfältig genutzt: Auch Reiter,

Mountainbike-Fahrer und Jogger sind hier unterwegs. Die Reitstrecke zweigt aber bald in Richtung der Mähwiesen ab, und auf der weiteren Route herrscht Reitverbot.
Über eine langgezogene Kurve gelangt man in das Waldesinnere und quert einen feuchten Graben mit kleinem Wasserlauf. Im Talboden stehen Schwarz-Erlen und Schwarz-Pappeln, am Wegrand wächst die stattliche Hänge-Segge direkt neben dem Riesen-Schachtelhalm. Wo sich die Forststraße nach links krümmt, gelangt man zu einer Abzweigung. Hier biegt man nach rechts in die ansteigende, mit Schranken versehene Forststraße ein. Damit läßt man auf weiterer Strecke nach den Reitern nun auch die Mountainbiker hinter sich. Ein Holzschild kündigt Hochroterd über diese Route an. Man folgt nun dem unterhalb zur Rechten liegenden feuchten Graben, rechts am Hang stockt hochwüchsiger Buchenwald.
Im Bereich einer Rechtskrümmung befindet sich im Straßengraben links eine von Riesenschachtelhalm und Hänge-Segge gesäumte Vernässung. Der weiche Boden besitzt einen hohen Anteil an Ton und ist von Trittspuren des Rotwildes perforiert. Ein Wildwechsel führt aus dem oberen Hangbereich direkt über diesen kleinen Sumpf. Aus dem Hochwald heraustretend, fällt der Blick über eine Schlagfläche mit jungen Buchen und auf einen naturfernen Fichtenforst. Am Gegenhang, direkt gegenüber dem ungefähr 20 m tief eingeschnittenen Graben, bilden besonders hochwüchsige Buchen den Waldrand zu der Schlagfläche. Fast in Augenhöhe heben sich die hellen Stämme eindrucksvoll vom Waldboden ab. Am Wegrand kann man hier auch die Tollkirsche antreffen. Man wandert nun auf der breiten, ansteigenden Forststraße auf einen Sattel hinauf, wo einen wieder gänzlich Buchen-Hochwald umgibt. Dort ist der höchste Punkt der Rundwanderung erreicht, von hier geht es die nächsten 800 m stetig bergab. Buchenwald unterschiedlicher Altersstufen begleitet einen, am linken Forststraßenrand trifft man auf Feuchtstellen und Kleintümpel. Neben der Hänge-Segge sind weitere Pflanzen mit grasartigem Wuchs vertreten, darunter Rohr-Pfeifengras, Gewöhnliche Wald-Binse und Flatter-Simse. Damit sind auch gleich drei verschiedene Pflanzenfamilien vertreten, von denen nur das Rohr-Pfeifengras zu den eigentlichen Gräsern, nämlich zur Familie der Süßgräser, gehört. Die Wald-Binse ist ein Binsengewächs, und die Flatter-Simse zählt zu den Simsengewächsen.

Am Forststraßenrand breitet sich der giftige, aufrechte Holunder, auch Attich genannt, aus. Fast überall, wo man diese hochwüchsige Staude antrifft, ist sie nicht in einzelnen Exemplaren vorhanden, sondern flächendeckend in großer Individuenzahl eng beieinanderstehend. In der Botanikersprache wird für ein derartiges Auftreten der Ausdruck „gesellig" verwendet.

Die Forststraße krümmt sich nach rechts, das Gelände verebnet sich, und man trifft auf einen Holzlagerplatz. Nun geht es über einen feuchten Graben mit unterschiedlicher, direkt vom Niederschlag abhängiger Wasserführung. Genau oberhalb der Rohrmündung blickt man nach links auf den Gewässerlauf und den umgebenden Sumpfboden hinunter. Dort bildet die Hänge-Segge unter Schwarz-Erlen einen größeren Bestand, der durch seinen üppigen, sich selbst überlassenen Bewuchs einen urwaldartigen Eindruck vermittelt.

Am weiteren Weg gelangt man wieder in Waldrandnähe, rechts begleitet von Buchenwald, links liegt die sumpfige Niederung mit dem kleinen Gewässerlauf, den Schwarz-Erlen und Eschen säumen. Durch das Gehölz sind bereits die ersten Häuser von Breitenfurt auszunehmen. Bald danach erreicht man an einer Abzweigung jene Stelle, an der sich die Festenberg-Umwanderung schließt. Man biegt nun links in Richtung der Pferdekoppeln und des Reitstalls ein und erreicht den Ausgangspunkt der Wanderung.

Die Riesen vom Festenberg – das ist jetzt unschwer zu entschlüsseln – sind der Riesenschachtelhalm und die Hänge-Segge, denen der Titel dieser Rundwanderung gewidmet ist.

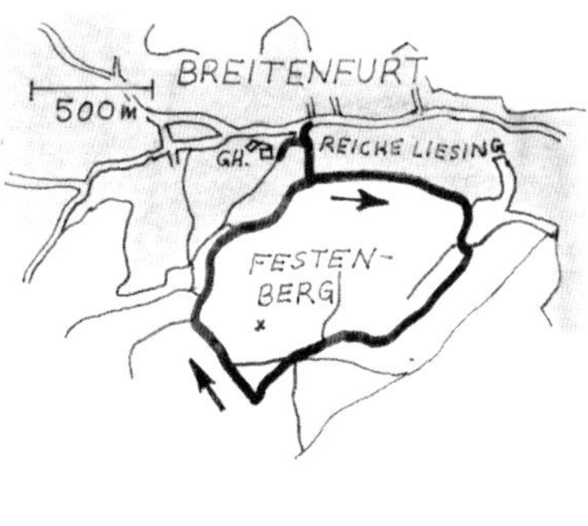

Am Weg zur Kugelwiese: stimmungsvolle Baumsilhouetten
an einem nebligen Novembertag

26.12.2009

17 VIEL LICHT UND EIN BISSCHEN FINSTERNIS

Den Frühling erschnuppern auf der Gießhübler Heide und den Winter verabschieden im finsteren Gang.

Dauer: 4 Stunden
Anstrengungsfaktor: 3
Kartenblatt: ÖK 58 Baden
Bevorzugte Jahreszeit: (Vor-)Frühling
Genußfaktor: 1
Länge: 6,7 km
Höhenamplitude: 365–563 m

Ausgangspunkt ist der Parkplatz mit Autobushaltestelle am westlichen Ende des Ortsgebietes von Gießhübl. Der Parkplatz wird von Pyramidenpappeln beschattet, diese Varietät der Schwarz-Pappel stammt aus der Lombardei und ist seit der zweiten Hälfte des 18. Jh.s als Ziergehölz in Verwendung.
Die Gießhübler Heide ist wie alle Wiesen und Weiden im Wienerwald durch Waldrodung und Nutzung durch den Menschen bzw. dessen Weidetiere entstanden. Um die offene Wiesenlandschaft zu erhalten und ein Zuwachsen mit Gehölzen zu verhindern, muß diese Nutzung beibehalten bleiben. Im Fall der Gießhübler Heide sorgt die Gemeinde Gießhübl im Rahmen eines Erhaltungsprogramms durch Mahd und Beweidung für Bewahrung und Pflege. Zur Beweidung werden Schafe, es handelt sich um Kreuzungen des Österreichischen Bergschafes mit dem Juraschaf, eingesetzt. Die Beweidung wird in abgegrenzten Teilflächen mit Rücksicht auf die Vegetation in einer räumlich und zeitlich koordinierten Abfolge vorgenommen.
Zurück zu unserer Wanderung: Bis zur Kehre bleibt man auf asphaltierter Straße, dann setzt man den Weg geradlinig den Hang ansteigend über anstehenden Fels fort. Hier finden sich Fragmente eines Felstrockenrasens. Über Weideflächen erreicht man wieder die Straße, die zur Seewiese führt, und einen kleinen, aufgelassenen Steinbruch. In Felsritzen wachsen Mauerraute, Weißer Mauerpfeffer und Kurzhaar-Donarsbart. Im April lohnt sich ein Blick in den blumenreichen Unterwuchs des nordöstlich angrenzenden Eschengehölzes. Hier blühen der Hohle Lerchensporn, Rauhaar-Veilchen, Knoblauchsrauke, Turmkraut, Aronstab, Taubnessel, Primel und Gelbes Windröschen.

Nun folgt man der Straße und steigt nach einem Feld-Ahorn mit eifrig frequentiertem Vogelhaus links die Trockenwiese hinauf.

Wieder gelangt man auf felsigen Untergrund. Lassen sich die Felsrinnen im Hohlwegabschnitt als Geleise von Radspuren historisch deuten? Mit dieser offenen Frage erreicht man den Waldrand und wandert links bergauf bis zu einem Grenzstein. Dort beeindruckt die blaublühende Gewöhnliche Traubenhyazinthe im zeitigen Frühjahr durch ihr massenhaftes Auftreten. Von hier geht es zum gesicherten Steinbruchrand mit Zwerg-Schwertlilie. Diese gelb oder blauviolett bis violettpurpurn blühende kleine Schwertlilien-Art ist eine Rarität, die sich auf den Osten Österreichs beschränkt. Sie hat ihr Hauptverbreitungsgebiet in osteuropäischen Steppengebieten.

Danach peilt man die Hütte der Wiener Gebirgsfreunde an. Im Wald führt ein kleiner Fußweg links an einer Kuppe vorbei. Dort gelangen ab Mitte März der Zwerg-Lerchensporn und das Moschuskraut zur Entwicklung. Beides sind kleinwüchsige, zarte Pflänzchen. Der Zwerg-Lerchensporn ist sehr selten und besiedelt im Wienerwald nur wenige Gipfelkuppen.

An der Weggabelung hält man sich links entlang der Oberkante des Finsteren Ganges, so wird das westlich angrenzende, tief eingeschnittene, schattige Tal genannt. Durch Eichenwald geht es bergab zu den Gießwänden. An der Stelle, wo eine Rot- und eine Hainbuche nur einen Meter weit auseinander stehen, führt in spitzem Winkel ein schmaler Pfad nach rechts, kurz darauf stoßt man zum oberen Rand der Gießwände. Es handelt sich dabei um senkrecht abfallende Kalkfelswände zum Finsteren Gang. Vorsicht, Absturzgefahr! Hier gibt es kein Geländer und keine Hinweistafeln. Österreichische Schwarzwurzel, Gewöhnliche Steinmispel, Sand-Fingerkraut und, erst ab Juli blühend, Berg-Lauch sind hier anzutreffen. Im südwestlichen Bereich der Felskanten wächst das Immergrüne Felsenblümchen.

Man verläßt die Gießwände auf dem Pfad, den man gekommen ist. Bald ist wieder die Gießhübler Heide erreicht. Nun geht es den Waldrand entlang bergab und quer über die Wiese. Am tiefsten Punkt erreicht man wieder den Wald. Der Weg führt erst durch Schwarzföhrenforst, dann durch Laubmischwald in den Finsteren Gang hinunter. Bei einem Kletterfelsen erreicht man den Talboden und biegt rechts in die Forststraße ein. Beim Schneerosenbründl vorbei und bis zum Großen Sattel geht es auf dem markierten Wienerwald-Verbindungsweg 444 stetig bergauf. Bei der Kugelwiese verläßt man den markierten Wanderweg und überquert die Wiese.

Nun geht es den gegenüberliegenden Waldrand auf einem bergab führenden Fußweg entlang und knapp vor dem unteren Ende der Wiese in den Wald. Nach ca. 50 m steil bergab schlägt man bei einer Weggabelung den Weg mit blauer Markierung nach rechts ein, umwandert eine Bergkuppe und trifft auf eine Schneise, die auf den Gipfel führt. Hier trifft man auf eine individuenreiche Population des Schwarzen Germers. Sein Verbreitungsgebiet erstreckt sich über ganz Asien und reicht über Osteuropa bis zum Wienerwald, wo er seine westliche Verbreitungsgrenze hat. Die stattliche, einkeimblättrige Pflanze entfaltet im Frühjahr ihre maigrünen Blattrosetten und blüht in rotbraunen Blütentrauben erst im Juli oder August.

Am Gipfelfels steht ein Holzkreuz mit Gipfelbuch, das 1996 von den Rodauner Waldläufern Franz Sperk, Hermann Walter und Hans Steiner errichtet wurde. Den Felsen haben sie „Sperkhermstein" getauft. In der näheren Umgebung wachsen Diptam, Kalk-Blaugras, Edel-Gamander, Schwalbenwurz, Zypressen-Wolfsmilch, Immenblatt und Hasenohr.

Nun geht's über die Schneise wieder zum Weg hinunter, wo man auf einen bergab führenden, breiteren Weg trifft, in den man nach links einbiegt. So gelangt man zu einer Wegkreuzung mit Rastplatz und erreicht auf einer Forststraße die Gießhübler Heide. Im Unterhangbereich mit den locker stehenden Schwarz-Föhren ist Gelegenheit, der Großen Kuhschelle noch einen Besuch abzustatten, bevor man zum Parkplatz zurückgeht.

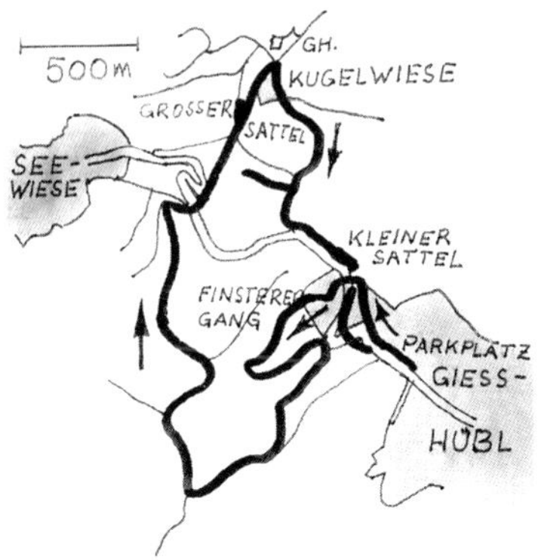

In der Rotte von Rohrberg umgibt man sich noch mit Obstbäumen.
Am Horizont rechts der Alleeberg

Gehöfte in Rohrberg, eingebettet in eine
ausgedehnte Mähwiesenlandschaft

18 RUND UM DEN ALLEEBERG BEI SULZ 8-1-11

Im grünen (manchmal purpurfarbenen) Herzen des Wienerwaldes eine geruhsame Wanderung durch ruhige Waldlandschaft genießen.

Dauer: 2 Stunden
Genußfaktor: 4
Anstrengungsfaktor: 1
Länge: 5,7 km
Kartenblatt: ÖK 58 Baden
Höhenamplitude: 400–550 m
Empfohlene Jahreszeit: Ende August, Anfang September

Ausgangspunkt ist der Parkplatz mit Autobushaltestelle beim Stockerwirt (Gasthof Bierhimmel) zwischen Sittendorf und Sulz. Den Parkplatz säumt eine artenreiche Naturhecke mit Eingriffeligem Weißdorn, Heckenrose, Feld-Ahorn, Dirndelstrauch, Liguster, Schlehdorn und Pfaffenkäppchen.

Unmittelbar nach dem Parkplatz zweigt von der Straße Richtung Sulz am Fuß des kegelförmigen Rohrkogels eine schmale Straße in spitzem Winkel ab und führt zu einer kleinen Siedlung mit dem Namen Rohrberg.

Hinter einem Holzlagerplatz wachsen auf felsdurchsetztem, steilem Südhang Edel-Gamander und Große Fetthenne. Das Kartenblatt Nummer 58 der Geologischen Bundesanstalt weist die Gesteinsbildungen hier als Aptychenkalk (Kalkmergel) aus. Aptychen sind muschelschalenähnliche Kieferbildungen von Ammoniten, einer ausgestorbenen Tiergruppe der Kopffüßer, die vom Devon bis zum Ende der Kreidezeit gelebt haben. – An einem Bauernhof vorbei, erblickt man rechts ein Bächlein, welches über kleine Kaskaden in den Straßengraben fließt. Brunnenlebermoos überzieht die Ufermauer. An der Böschung darüber steht ein mächtiger Berg-Ahorn, dessen Durchmesser an der Stammbasis beachtliche 1,8 m beträgt.

In einer Rechtskurve verläßt man die Asphaltstraße in Richtung Nordosten und folgt einem Fußweg mit roter Markierung bis zu einer Forststraße. Die Markierung ist an einer Schwarz-Föhre angebracht und kennzeichnet die Route über Schöffel-Hütte und Kreuzsattel nach Kaltenleutgeben. Vom ansteigenden Fußweg aus blickt man hinunter auf eine Feuchtstelle mit Kohl-Distel, etwas Schilf und Flatterbinse oberhalb eines Gehöftes.

Der steinige Weg führt nun durch einen von Eschen und Ahorn dominierten Jungwald. In einer Rechtskurve verläßt man den Karrenweg und durchwandert einen 4–6 m hohen Lärchenforst in einem Gänsemarsch-Fußpfad zwischen Echter Goldrute und Kleb-Salbei (blaßgelb blühend und klebrig). Nach kurzem Anstieg gelangt man auf eine breite, geschotterte Forststraße, in die man nach rechts einbiegt. Man sollte sich die unscheinbare Mündung des Pfades genau einprägen, da man am Rückweg, die Forststraße aus entgegengesetzter Richtung kommend, an dieser Stelle wieder zum Parkplatz absteigt.
Nun beginnt die Umwanderung des 543 m hohen Alleeberges, und zwar zunächst einen Kilometer in Richtung Südwesten. Der Forststraßenrand erweist sich als heilbringender Kräutergarten, da gedeihen Odermenig (sattes Gelb), Echter Dost (zartrosa), Schafgarbe (weiß) und Echtes Johanniskraut (gelb mit rotem Pflanzensaft). Der hangseitige Straßengraben beherbergt einen kleinen Tümpel. Den ganzen Sommer hindurch lassen sich hier die unterschiedlichen Entwicklungsstadien der heranreifenden Springfrösche verfolgen. Auch für Schwanzlurche sind derlei Tümpel ein wichtiger Lebensraum: In diesen Kleingewässern entwickeln sich im Frühjahr Larven von Feuersalamander, Teich- und Bergmolch. Das Rohr-Pfeifengras hat sich hier mit einigen ansehnlichen Horsten am feuchten Standort angesiedelt.
Am südlichsten Punkt unserer Alleeberg-Umrundung gabelt sich die Forststraße. Man hält sich links, wo die Forststraße die nächsten 250 m eine Stromleitung begleitet. Danach läßt sich vom Gegenhang her das helle Gemäuer von Schloß Wildegg ausnehmen. Die Forststraße folgt nahe dem Waldrand den angrenzenden Wiesen. Dort steht eine beachtliche Sommerlinde. Weit mehr als zehn stammförmige Stockausschläge schaffen ein Gebilde, welches über eine Länge von mehr als 3,5 m durch Verwachsung der unteren Stammbereiche eine regelrechte Holzwand bildet.
Die Forststraße führt in einen Graben hinunter und folgt diesem. Kalkmergellagen führen hier zu oberflächlicher Bodenvernässung, und in der Vegetation lassen sich Feuchtezeiger ausnehmen: Wasserdost, Kohl-Distel, Roß-Minze und Riesen-Schwingel.
30 m nach einer Futterkrippe mit purpurfarbenem! Herz verläßt man in einer Rechtskurve den Forstweg und folgt einem schmalen Fußpfad, der sich bald mit einem von rechts kommenden Karrenweg

vereinigt. Nach wenigen Metern gelangt man zu einem Wegkreuz, welches einen dunklen Lärchenforst zur Kulisse hat. Auf älterem Kartenwerk ist neben der Signatur auch noch der Schriftzug „Rotes Kreuz“ zu lesen. Viele Holzkreuze tragen einen Schutzanstrich aus roter Farbe, im Wienerwald gibt es mehr als fünfzig „rote Kreuze“.
Man hält sich an den ansteigenden Weg, in einer Rechtskurve steht ein alter, morscher, ca. 2,3 m hoher Buchenstamm, auf dem ein Wegweiser angebracht ist. Auf der grünen Markierung erreicht man einen Grenzweg, dem man knapp einen Kilometer Richtung Sulz folgt.
Zehn bis zwölf Meter hoher Buchenwald umgibt einen zunächst, und am Wegrand blühen ab Mitte August die wohlriechenden rosablühenden Zyklamen, ein Zeichen für das Ende des Sommers. In Waldrandnähe, dem nördlichsten Punkt der Rundwanderung, sind Ortsteile von Sulz und die Sendeanlage auf der Sulzer Höhe auszunehmen. Hier biegt man nach links in einen kleinen Fußweg ab, der sich durch am Boden liegendes Geäst bergab schlängelt. Nach ca. 20 m erreicht man eine nicht geschotterte Forststraße, in die man nach links, Richtung Südosten, einbiegt. Hochwüchsiger Laubmischwald herrscht hier vor: vorwiegend Buchen, Eichen und Eschen mit reichlich jungen Buchen im Unterwuchs säumen den Weg.
Bei einer Wegkreuzung mit rot markierter Schwarz-Föhre hält man sich in der Fallinie Richtung Südwesten, wo sich auch schon der nahende Waldrand ausnehmen läßt. Hier biegt man in die Forststraße nach links und folgt ihr in südöstlicher Richtung. Nach etwa 300 m erreicht man jene Stelle, wo man am Beginn der Alleebergumrundung zu eben dieser Forststraße aufgestiegen ist. Bei der unscheinbaren Abzweigung geht es jetzt nach rechts, über den Fußweg zu den Gebäuden von Rohrberg hinunter und weiter über die Asphaltstraße zurück zum Ausgangspunkt.

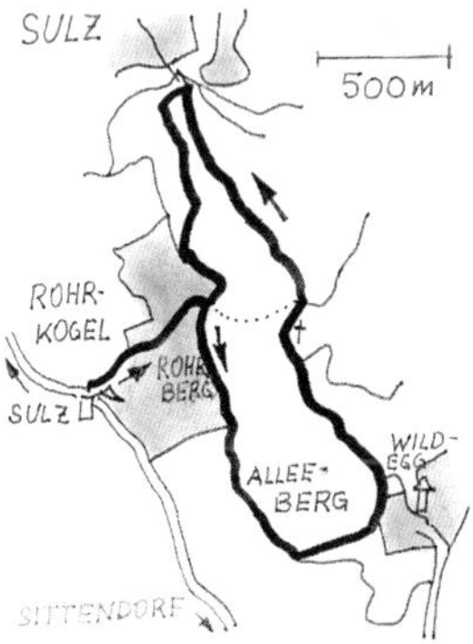

Wiese im Mai in abwechslungsreicher Parklandschaft der Hutweide

Das Kleine Knabenkraut (*Orchis morio*) ist am Kreuzriegel in reichen Farbvarianten anzutreffen; hier mit weißer Unterlippe

19 ORCHIDEENSCHAUN AUF DER HUTWEIDE

Lustwandeln in der Parklandschaft auf einer der letzten Hutweiden in der Nähe Wiens. Ein Refugium für heimische Orchideen!

Dauer: 2 Stunden
Anstrengungsfaktor: 1
Kartenblatt: ÖK 58 Baden
Bevorzugte Jahreszeit: Anfang bis Mitte Mai
Genußfaktor: 4
Länge: 3 km
Höhenamplitude: 364–432 m

Ausgangspunkt ist der Parkplatz des Naturparks an der nördlichen Grenze des Ortsgebietes von Sparbach, von der Abfahrt der Wiener Außenring-Autobahn A21 nur 800 m entfernt. Von dort führt eine Anrainerstraße den Waldrand entlang Richtung Westen zum Friedhof. Nach 180 m erreicht man rechts vom Friedhof einen Weidezaun. Dahinter liegt ausgedehntes Weidegebiet, mit Mähwiesen und Kleingehölzen dazugerechnet insgesamt circa 26 Hektar. Das Betreten des Weidegebietes erfolgt auf eigene Gefahr. Wenn sich kein Vieh auf der Weide befindet, ist das Gatter offen.
Nun geht es ungefähr einen Kilometer am unteren Rand des Weidegebietes entlang. Rechts am Hang befindet sich eine imposante, frei stehende Schwarz-Föhre mit ausladender Krone. Sie steht unter Naturdenkmalschutz. Danach überquert man einen feuchten Graben, drei alte Holzbirnen stehen am Rand vor aufkommendem Buschwerk rechts am Hang. Will man in unseren Breiten offenes Weideland erhalten, dann müssen aufkommende Gehölze stets zurückgedrängt werden, um den Vegetationsablauf zur Wiederbewaldung zu verhindern. Auf der weiteren Strecke kann man verfolgen, wie das Gebüsch am Hang rechts von einem in ein Wäldchen übergeht. Ein zweites Mal ist nach einem Wiesenstück die Abfolge zur Bewaldung zu beobachten: erst Liguster, Heckenrosen, junge Eschen und Weißdorn, dann ein Wäldchen mit Hain-Buche und Berg-Ahorn. Der Wald hat sich ein Stück der Viehweide zurückerobert.
Danach steht man vor einem Weidezaun und gelangt über einen eigens angefertigten Durchschlupf zum Kreuzriegel. Dort werden alljährlich Motocross-Rennen veranstaltet. Die Streckenführung hinterläßt ihre Spuren auf der Trockenwiese. Aus wirtschaftlichen

Gründen hat man die Rennstrecke erduldet, um den Fortbestand einer der letzten großen Weidegebiete gewährleisten zu können. Aber auch hier verbuscht der Unterhang in zunehmendem Maß, und die Robinie, die jeder mageren Trockenwiese ein jähes Ende zu bereiten vermag, beginnt sich auszubreiten.

Nun geht es den Hang hinauf, um von einer der Bergkuppen aus die umgebende Landschaft zu überblicken. Hier steht man nahe dem Nordrand der Gaadner Bucht, einem tertiären Einbruchsbecken; die Berge am Horizont sind von Ost nach West: Kleiner Anninger, Mittlerer Otter, Anninger, Vierjochkogel, Buchkogel, Tennberg, Sandriegel, Hühnerberg / Mitterberg und Hoher Lindkogel, bei guter Fernsicht rechts dahinter der Schneeberg.

Nördlich der Kuppe trifft man auf einen Weg, auf dem man Richtung Osten wandert, dann verläßt man bei einem Gatter den Kreuzriegel und peilt von dort die nächste Erhöhung unterhalb der durch einen Zaun abgegrenzten Mähwiese an.

Nun sollte man seine Aufmerksamkeit aber völlig auf die hier gedeihende Blumenvielfalt richten. Vermutlich ist neben dem Knöllchen-Steinbrech und Woll-Hahnenfuß schon die eine oder andere Orchidee aufgefallen, vorausgesetzt, die Wanderung findet in der ersten Mai-Hälfte statt. Nun beginnen diese hübschen hellrosa bis purpurvioletten Blütentrauben immer zahlreicher zu werden. Es ist das Kleine Knabenkraut, welches auf der mageren Trockenwiese in der Lage ist, Massenbestände zu bilden. Aus einer Rosette mit ungefleckten Blättern entspringt ein Stengel, der bei den dunkel-purpurviolett blühenden Exemplaren unterhalb der Traube ebenfalls von Grün in den Farbton der Blüten übergeht. Letztere bestehen aus sechs Kronblättern, von denen sich fünf helmartig zusammenneigend über einen Teil des sechsten Kronblattes neigen. Dieses bildet als gefleckte Lippe einen Landeplatz für die bestäubenden Insekten und bietet ihnen Nektar in einer sackförmigen Auswölbung, dem Sporn, an. Oberhalb des Sporneinganges befindet sich ein kompliziertes Gebilde, welches dem Bestäuber ganze Pollenpakete auf einmal an die „Stirn“ klebt, wenn dieser versucht, zum Nektar zu gelangen. Erstaunlich, welch komplizierten Blütenbau die Evolution hervorgebracht hat, um durch Spezialisierung die Effizienz der Pollenübertragung zu steigern.

„Knabenkraut" heißt der Gattungsname, weil die Orchidee alljährlich eine Wurzelknolle ausbildet, um Reservestoffe zu speichern. Die diesjährige und die im Vorjahr gebildete Knolle waren für die griechische Bezeichnung „Orchis" = Hoden namensgebend. Der wissenschaftliche Name des Kleinen Knabenkrautes ist *Orchis morio*. Der Artname „morio" läßt sich aus dem griechischen Wort „moros" = närrisch herleiten. Die Ähnlichkeit der fünf über der Lippe zusammengeneigten Kronblätter mit einer Narrenkappe wird damit zum Ausdruck gebracht.

Mit etwas Glück und Geduld läßt sich bei sonnigem Wetter der Bestäubungsvorgang beobachten oder eine Wildbiene oder Hummel mit am Kopf klebenden, gestielten Pollenpaketen ausnehmen.

Neben dem Kleinen Knabenkraut, der häufigsten Orchidee des Weidegebietes, gibt es hier auch das Angebrannte Knabenkraut und in wenigen Exemplaren Holunderknabenkraut, Mücken-Händelwurz und Spinnen-Ragwurz.

Am Rückweg wandert man zwischen Hunderten von Exemplaren des Kleinen Knabenkrautes etwa 250 m Richtung Ost-Nordosten und den Hang hinunter zum Ausgangspunkt zurück.

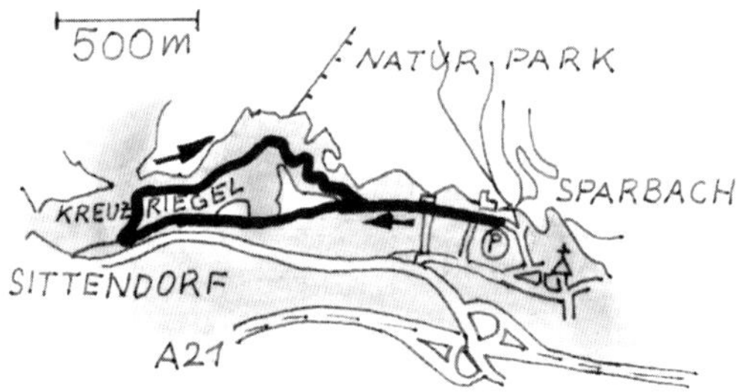

Forststraße im Kiental

Felsgebilde an der Rudolf-Schwarz-Promenade:
der sogenannte „Harnisch“

20 KLEINER ANNINGER

Die Lust auf ein mediterranes Naturerlebnis läßt sich auch im südlichen Wienerwald befriedigen, Flaumeichengebüsch und Schwarzföhrenwälder versetzen in südliche Gefilde.

Dauer: 2 Stunden
Anstrengungsfaktor: 3
Kartenblatt: ÖK 58 Baden
Bevorzugte Jahreszeit: Frühling, Herbst
Genußfaktor: 1
Länge: 4,3 km
Höhenamplitude: 260–490 m

In der Hinterbrühl bei Mödling steht das Hotelrestaurant Höldrichsmühle. Franz Schubert wurde dort mehrmals beherbergt, und weil neben einem Brunnen damals eine alte Linde stand, gleich vor dem runden Torbogen, so liegt es nahe, daß Schubert durch dieses Ensemble zu dem weltberühmten Lied „Der Lindenbaum" inspiriert wurde: Neben der Höldrichsmühle befindet sich nun wieder eine Linde, und im Vorgarten des Hotelrestaurants ist eine kleine Schubert-Gedenkstätte eingerichtet. Dort soll die Wanderung beginnen. Zunächst geht es auf der Landesstraße 200 m Richtung Mödling und dann rechts eine kurze, steile Gasse, die als Promenade den Waldrand entlang führt. Ungefähr 500 m auf der Promenade den Waldrand entlang, und dann biegt man in einen kleinen Steig ab, der den Nordwesthang des Kleinen Anningers hinaufführt. Vorher sollte man aber noch eine besondere Felsbildung aufsuchen, die am Unterhang etwas abseits der Promenade liegt. Der Weg dorthin soll kurz beschrieben werden: Vorbei an einer großen Schwarz-Föhre mit schirmförmiger Krone und einer Rastbank. Einige Meter danach führt ein schmaler Pfad in den Wald hinein. Hier trifft man nach wenigen Metern auf die geheimnisvollen Felsgebilde. Man steigt über Geröll und kommt zu einem Felsentor mit verblüffend glatten Wandflächen. Nach Durchschreiten der Felsformation sieht man eine circa 25 m^2 große, senkrechte Gesteinsplatte. An manchen Stellen weist das Kalkgestein, ein Opponitzer Kalk, Striemen auf. Es handelt sich dabei um Felspartien, deren Ausformung durch Gleitbewegungen im Zeitraum geologischer Dimensionen gestaltet wurde. Am Nordrand des Anningergebietes, der Mödlingbach-Störung, haben sich die Schichtglieder horizontal zueinander verschoben, wodurch es zu gewaltigen Reibungen kam. Die glatten, mit Striemen versehenen Gesteine werden in der Fachsprache „Harnisch“ genannt, um das Antlitz der von Abschürfung gezeichneten, geglätteten Gebirgsfront zu betonen. Hinter dem Harnisch liegt eine ungefähr 12 m lange, hallenartige Höhle.

Nach Besichtigung dieses erdgeschichtlichen Zeugnisses führt die Wanderung auf der Promenade noch 100 m weiter, um zur Abzweigung des Steiges zu gelangen, der blau markiert ist. Nach wenigen Metern kommt man an den für diesen Teil des Wienerwaldes typischen Schwarz-Föhren vorbei, deren teilweise entrindete Stämme von ehemaliger Harznutzung zeugen. Ein eigener Stand, die „Pecher“, hat das austretende Föhrenharz in Tongefäßen gesammelt und so den Rohstoff für Terpentin und Kolophonium gewonnen, bevor die synthetische Herstellungsweise diese Art von Gewinnung unrentabel werden ließ.

Nun überwindet man in Serpentinen etwa 90 Höhenmeter des Steilhanges, danach gelangt man auf einen breiteren, quer verlaufenden Weg, in den man nach rechts einbiegt. Am Hang oberhalb befindet sich Schwarzföhrenwald in natürlicher Ausprägung. *Pinus nigra* ssp. *austriaca*, die Österreichische Schwarz-Föhre, die hier in der Gegend übrigens auch als Art ihre wissenschaftliche Erstbeschreibung erfahren durfte, beschränkt sich mit ihren natürlichen Vorkommen auf den Alpenostrand über Dolomitgestein und ist erst weiter südlich, von der Villacher Alpe und den Karawanken bis gegen Albanien, verbreitet.

Der Waldboden ist von Kalkblaugrasrasen bedeckt, die spärliche Strauchschicht wird vornehmlich von Felsenbirne gebildet, dazu auch Mehlbeere. Die weiße Blüte der Felsenbirne im zeitigen Frühjahr ist besonders eindrucksvoll.

An der Wegböschung gedeiht die Ästige Graslilie üppig. Diese hochgewachsene, insgesamt jedoch zart wirkende Pflanze mit den hübschen weißen Blüten bevorzugt derartige trockene Hänge.

Durch einen Grabeneinschnitt erreicht man einen dem Kleinen Anninger westlich vorgelagerten Kamm. Ein Wanderweg zweigt in Richtung Kiental hinunter ab, man bleibt jedoch am leicht ansteigenden Weg und biegt dann nach links in einen bergauf führenden, blau markierten Wanderweg ein. Links bilden acht bis zehn Meter hohe Flaum-Eichen einen kleinen Bestand. Als submediterranes Element unserer heimischen Flora dringen sie nur entlang der Thermenregion so weit gegen Norden und bilden hier doch eine eigenständige, artenreiche Waldgesellschaft aus. Am Rand eines kurzen Hohlwegabschnittes steht Lorbeer-Seidelbast, auch das Schwertblatt-Waldvögelein, eine seltene Orchideen-Art, gedeiht in diesem Gebiet.

Man wandert nun den Kleinen Anninger Richtung Ost-Südosten circa. 200 m steiler bergauf, dann geht es entlang der Nordflanke leicht ansteigend durch Buchenwald. Nach 150 m trifft man auf einen Forstweg, in den man nach rechts einbiegt. Nach etwa 60 m gelangt man auf einen Sattel. Rechts befindet sich in 150 m Luftlinie der Gipfel des Kleinen Anningers, und links, etwa 50 Meter Richtung Osten, erhebt sich eine weitere Erhöhung, die aufgesucht werden sollte. Es ist der Phönixberg, auf dem ein kleines Gipfelkreuz mit einem Gipfelbuch angebracht ist. Das Büchlein informiert über den Namen des Berges und über die nahe gelegenen Steinfundamentreste eines Forsthauses. Von hier aus hat man einen zauberhaften Ausblick auf den Husarentempel, die Mödlinger Klause mit der Burg Mödling und dahinter auf das Wiener Becken.

Nach dem Gipfelbesuch geht es auf den Weg zurück, der sich zu einer Forststraße weitet und vom Sattel Richtung Südwesten bergab führt. Nach wenigen Metern trifft man auf einen Holzlagerplatz, wo man die Forststraße über einen markierten Wanderweg verläßt. Eine Hinweistafel kündigt über blauer Markierung Kiental und Höldrichsmühle an.

Durch artenreichen Mischwald (Buche, Hainbuche, Schwarz-Föhre, Esche, Lärche, Eiche, Esche) geht es auf dem Wanderweg Nr. 43 Richtung Kiental, dort 900 m talauswärts bis zur Gaadnerstraße und so zur Höldrichsmühle zurück.

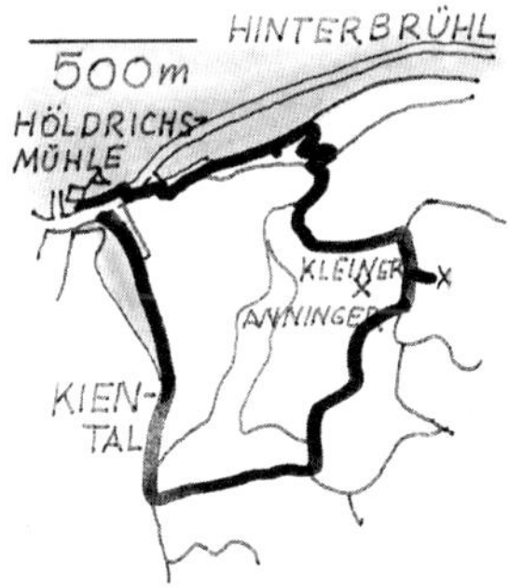

Brunnwiese mit Gruberbach – ein verträumtes Tal nördlich des Ortsgebietes von Alland

Ansprechend gestaltete Informationstafeln des Allander Rundwanderweges Nr. 1

21 NATUR POSTWENDEND: RUND UM DEN PRIEFAMTMANNKOGEL BEI ALLAND

Waldlandschaft und Futterwiesen

Dauer: 2 ½ Stunden
Anstrengungsfaktor: 2
Kartenblatt: ÖK 58 Baden
Bevorzugte Jahreszeit: Frühling, Herbst
Genußfaktor: 4
Länge: 7,9 km
Höhenamplitude: 330–490 m

Der Beginn des Allander Wanderweges Nr. 1 (vom Parkplatz hinter der Allander Kirche bergauf in Richtung Kindergarten) ist Ausgangspunkt dieser Wanderung. Eine Schautafel der Niederösterreichischen Berg- und Naturwacht stellt den hier errichteten Naturlehrpfad vor. An der Rückseite des Kindergartengeländes vorbei und unter der Autobahnbrücke der Wiener Außenringautobahn hindurch, befindet man sich bald in einer „entlegenen" Wienerwaldlandschaft. Durch einfühlsam zurückhaltend gestaltete Tafeln werden sogleich einige Gehölze vorgestellt: zuerst eine Zitterpappel, dann eine „Bruch-Weide", die jedoch eine Salweide kennzeichnet. Daneben befindet sich ein beschriftetes Pfaffenkäppchen und gleich danach, unter einer Bruch-Weide, wächst ein beschilderter Gewöhnlicher Schneeball.
Bevor die Forststraße in den Wald führt, fällt der Blick auf die Mähwiesen im breiten Tal der Brunnwiese – kein Haus weit und breit, solche Anblicke sind im Wienerwald schon selten geworden.
Im Buchenwald mit einigen eingestreuten Tannen ist der Waldboden von Wimper-Segge überzogen und weist damit auf eine spezielle Buchenwaldgesellschaft, den Wimperseggen-Buchenwald hin, der an Hangverflachungen und Verebnungen zur Entwicklung kommt. Neben der Wimper-Segge sind Wald-Bingelkraut, Waldmeister, Mandelblättrige Wolfsmilch und Frühlings-Platterbse typische Arten des Unterwuchses.
An einem kleinen Rastplatz mit Tisch und Bank befindet sich eine Schautafel mit ansehnlichen Abbildungen und informativem Text, die den Spechten gewidmet ist.
Am weiteren Weg begleiten einen Giersch (weiß blühender Doldenblütler), Kleb-Salbei (zartgelb blühender Lippenblütler mit klebrigen

Blütenachsen und Kelchblättern) und Hain-Wachtelweizen (im Spätsommer bis Herbst blaß gelb blühender Rachenblütler). Der Buchenwald zur rechten Seite hat einen gestuften Altersaufbau und vermittelt den hohen Grad der Natürlichkeit dieses Waldabschnittes. Bei einer beschilderten Zerr-Eiche kann man sich an einer weiteren großen Schautafel über die biologische Bedeutung von abgestorbenem Holz im Ökosystem Wald informieren.

An der Weggabelung folgt man dem rechten Waldweg mit roter Markierung. Auch hier ist der Buchenwald mit Wimper-Segge besonders schön ausgebildet. Rot-Föhre, Hainbuche, Tanne und Vogelkirsche bilden neben der dominanten Buche denn artenreichen Bestand. Die Forststraße führt nun an den Rand einer Mähwiese heran. An dieser Stelle tritt man aus dem Wald heraus und nähert sich über den Rand der wechselfeuchten, blumenreichen Mähwiese dem kleinen, von Schwarz-Erlen gesäumten Bächlein, dem Gruberbach, im Talboden. Die Feuchtezeiger Roßminze (zartlila), Kohldistel (grüngelb), Wasserhanf (zartrosa), Rispen-Gilbweiderich (gelb), Gewöhnlicher Blutweiderich (purpurn) und Großseggen bilden die hochwüchsige Krautschicht. Man wandert den Bach entlang, und nach 500 m, wo das Bächlein aus dem Wald austretend, zu einem kleinen, schwer zugänglichen Weiher mit Rohrkolben und Wasser-Knöterich gestaut ist, geht es am Rand der Wiese wieder hinauf zur Forststraße. Der roten Markierung durch Wimperseggen-Buchenwald folgend, gelangt man nach 200 m zu einer Wegkreuzung. An dieser Stelle verläßt man die rot markierte Forststraße und folgt links einer leicht bergauf führenden Schneise mit Grenzsteinen. Es ist dies der Grenzverlauf der Gemeinde Alland im Westen und der Großgemeinde Wienerwald im Osten, der hier durch die Grenzsteine gekennzeichnet ist. Von einer Kuppe 200 m östlich der höchsten Erhebung des Priefamtmannkogels führt eine Forststraße rechts hinunter, und nach circa 400 m trifft man auf eine breite, geschotterte Forststraße oberhalb der Hochwiesen von Grub. Hier biegt man links ein und folgt ihrem Verlauf am Nordwesthang des Priefamtmannkogels. Die „amtmännische“ Bezeichnung dieser Wienerwalderhöhung ist relativ jung, eine Karte aus dem Jahr 1947 weist sie noch als „Privaton Kogel“ aus, ähnlich einer urkundlichen Erwähnung 1136: „Priventan“. Nach einer Kehre hält man sich bei einer Abzweigung links und wandert zunächst leicht ansteigend und dann hangparallel auf der Forststraße den Nordhang des Priefamtmannkogels entlang. Schlagflächen und Hochwald wechseln einander hier ab. Nach etwa 600 m beginnt sich die Forststraße bergab zu schlängeln. Nach der Querung eines tief eingeschnittenen Waldgrabens (=Tobel) kommt eine kreisverkehrartige Umkehrstelle mit einem Tümpel in der Mitte. An dieser Stelle vereinigen sich mehrere Tobel. Niederschläge werden auf wasserstauenden Lehmschichten des Sandsteinwienerwaldes an der Oberfläche abgeführt, und Starkregen schwemmen den Untergrund mehr und mehr fort, so daß sich die temporären Wasserläufe immer tiefer in das Gelände einschneiden. Im westlichsten Winkel der Umkehrstelle biegt man in eine kleinere Forststraße ein, die durch dunklen Fichtenwald bergauf leitet. Der lehmige Weg führt auf der Kammlinie zwischen zwei Tobeln zu einer Wiese. Man quert die entlegene insektenreiche Mähwiese in westlicher Richtung und erreicht knapp hinter dem Waldrand einen verwachsenen Forstweg, dem man nach links folgt. Bald werden die Wegverhältnisse wieder besser, und bei einer Forststraßenkehre mit Rastplatz gelangt man wieder auf den Alland-Wanderweg Nr. 1. In südlicher Richtung begleitet einen die Mähwiese noch ein kleines Stück. Dann führt die beschilderte Forststraße durch Waldgebiet in das Brunnwiesen-Tal, welches gleich zu Beginn der Wanderung erkundet wurde. Den Gruberbach querend, gelangt man auf der nun schon vom Hinweg bekannten Route zur Autobahnbrücke und vorbei am Kindergarten zum Parkplatz hinter der Kirche zurück.

Kleine, artenreiche Trockenwiese auf dem „Moser Kogel“, oberhalb de
Naturteiches, gesäumt von Schwarz- und Rot-Föhren

Teufelskralle (*Phyteuma orbiculare*) und Wiesen-Salbei (*Salvia pratens*

14.11.10

22 OSTERSPAZIERGANG IN GAADEN

Vom malerischen Teich zum Naturdenkmal mit Osterglocken in abwechslungsreicher Landschaft. Zum Schluß auf den Ölberg!

Dauer: 2 Stunden
Anstrengungsfaktor: 2
Kartenblatt: ÖK 58 Baden
Bevorzugte Jahreszeit: Ostern
Genußfaktor: 4
Länge: 3,9 km
Höhenamplitude: 330–370 m

Am Ortsende von Gaaden gegen Heiligenkreuz, 400 m westlich der Kirche, liegt linker Hand direkt an der Straße ein Teich mit einem kleinen Parkplatz davor. Man hat hier den kleinen Dürrnbach durch Dammerrichtung künstlich aufgestaut, um die Erholungslandschaft um ein wesentliches Element zu bereichern. Früher hatte ein Teich im Dorf vielfältige Funktionen zu erfüllen, zum Beispiel als Eisteich, Löschteich, Fischteich und dergleichen. Mit Ferntransport und Weiterentwicklung der Technologien ging auch der Verlust von vielen Stillgewässern im Siedlungsbereich einher, und damit auch ein Lebensraum, von dem viele Pflanzen und Tiere abhängig sind. Im Naturteich von Gaaden schwimmen die Stockenten, fischt der Graureiher, laichen unzählige Erdkröten und Frösche, entwickeln sich Libellenlarven und blühen die Seerosen, um nur einige Beispiele zu nennen.

Nach einem Spaziergang über den Damm verläßt man den Teich, indem man einem kleinen Fußweg links in ein sich selbst überlassenes Feuchtwaldgebiet folgt. Danach steigt der Weg an, und etwa 100 m vom Teich entfernt gelangt man auf eine artenreiche Trockenwiese im Bereich einer Hügelkuppe. Über hundert verschiedene wildwachsende Pflanzenarten nutzen diesen Lebensraum.

Wenn eine Wiese im Verlauf mehrerer Jahrhunderte ausnahmslos als Mähwiese oder Hutweide genutzt und nie umgeackert wurde, dann konnte sich eine spezialisierte Lebensgemeinschaft herausbilden, die durch ein historisch gewachsenes Beziehungsgefüge in feiner Abstimmung einer Vielfalt von Entfaltungsmöglichkeiten unterschiedlicher Organismen den Platz einräumt. Daher sind derartige Wiesen entsprechend artenreich, wenn sie nicht überdüngt sind.

Auf der vorhin genannten Trockenwiese finden sich z. B. Gamander-Ehrenpreis, Weißes Fingerkraut, Hirsch-Haarstrang, Große Kuhschelle, Gewöhnliche Margarite, Karthäuser-Nelke, Gewöhnliche Primel, Himmelschlüssel, Reichenbach-Veilchen und behaartes Veilchen. Am Waldrand stehen Schwarz- und Rot-Föhren nebeneinander. Die Schwarz-Föhre ist im Wienerwald nahezu ausschließlich über Dolomituntergrund heimisch, die Rot-Föhre ist fast auf jeder Wienerwald-Wanderung anzutreffen. Hier ergibt sich eine günstige Gelegenheit, diese beiden Baumarten zu vergleichen: Die Schwarz-Föhre zeichnet sich durch ihre bis zu 15 cm langen, dunklen Nadeln aus, die dem Antlitz der Baumkrone ein eher dichtes, dunkles Aussehen verleihen. Die Borke ist schwärzlichgrau. Die Nadeln der Rot-Föhre erreichen eine Länge von nur 7 cm, daher wirkt die im Vergleich hellere Krone weniger dicht, der Verlauf der Äste ist viel deutlicher erkennbar. Namensgebend ist die fuchsrot bis ockergelbe Färbung des oberen Stammbereiches älterer Exemplare. –
Vom Gipfel der Kuppe führt rechts ein Weg Richtung Südwesten zu einem Wirtschaftsweg, von hier wandert man auf diesem nach links, in süd-südöstlicher Richtung circa 600 m weit Richtung Lauskogel, durch Ackerland und Grünbracheflächen. Am Rand der Brachen fallen jene Ackerwildkräuter auf, die anderenorts bereits selten geworden sind, wie z. B. das Sommer-Teufelsauge.
Nun nähert man sich bereits dem Lauskogel, einem aus der Ackerlandschaft emporragenden Hügel unterhalb des Wirtschaftsweges. Dazu verläßt man dort, wo ein Quellgraben in Richtung der Ortschaft von Stauden und in weiterer Folge von Bruch-Weiden gesäumt ist, den Wirtschaftsweg und hält sich weglos am Rand des Quellgrabens, dem Ursprung des Schneiderbaches.
Wegen seiner besonderen Flora hat man diesen Kogel als Naturdenkmal unter gesetzlichen Schutz gestellt. Pflanzen mit unterschiedlichster geographischer Verbreitung kann man hier antreffen, darunter einige recht selten gewordene. Arten der Grassteppen Zentralasiens sind z. B.: Frühlings-Adonis, Ungarische Kratzdistel, Pannonische Platterbse und Echtes Federgras. Pannonisch verbreitet sind Große Kuhschelle und Badener Rispengras, und aus dem submediterranen Raum stammen Gewöhnliche Kugelblume, Purpurblauer Steinsamen und Gewöhnliche Kugelblume. Von Europa

bis Zentral- oder Ostasien verbreitet ist zum Beispiel das Große Windröschen, Knollen-Mädesüß und Echtes Labkraut. An die 200 verschiedene wildwachsende Farn- und Samenpflanzen beherbergt der Lauskogel, er ist daher zu jeder Jahreszeit einen Besuch wert. Zur Osterzeit beeindrucken Osterglocken, Kuhschellen und gelb blühendes Frühlings-Adonis. Für die Erhaltung der selten gewordenen Wiesenpflanzen des Lauskogels ist es wichtig, daß regelmäßig gemäht wird, sonst würde der Hügel verbuschen und schließlich Wald aufkommen, der die Wiesenpflanzen verdrängen würde.
Nach dieser pflanzenkundlichen Rundschau kehrt man wieder auf den Wirtschaftsweg zurück und wandert auf diesem nach links. Bald erreicht man eine Landstraße, in die man nach rechts einbiegt. Ein kurzes Stück geht es jetzt am Straßenrand entlang. Es sind jedoch keine 100 m, da erreicht man den Waldrand und verläßt die Landstraße auf einem Forstweg. Eng beieinander stehende Eichen und Hainbuchen säumen den Weg, und nach 100 m läßt sich eine eigenartige Verwachsung beobachten: Eine Hainbuche windet sich um einen Eichenstamm und wird von diesem nahezu völlig ummantelt.
Ziemlich genau einen Kilometer geht es den Waldrand entlang, bis man zu einem Quellhaus gelangt, wo aus dem Wald ein markierter Weg herausführt. Rechts liegt eine kleine Mähwiese, auf der sich einige Pflanzen, die man bereits am Lauskogel entdeckt hat, wiederfinden. Unterhalb dieser Wiese trifft man auf einen Wirtschaftsweg, den man zunächst in schnurgerader Linie etwa 300 m bis zur Bundesstraße hinunter wandert. Dort hält man sich rechts und erreicht nach 250 m den Parkplatz beim Naturteich. Wenn noch etwas Zeit bleibt, dann lohnt sich die Besichtigung einer figuralen Ölbergszene am gegenüber angrenzenden Hügel. Die fünf Barockfiguren sind ein Werk des aus Venedig stammenden Bildhauers Giuliani (Ende 17. / Anfang 18. Jh.)

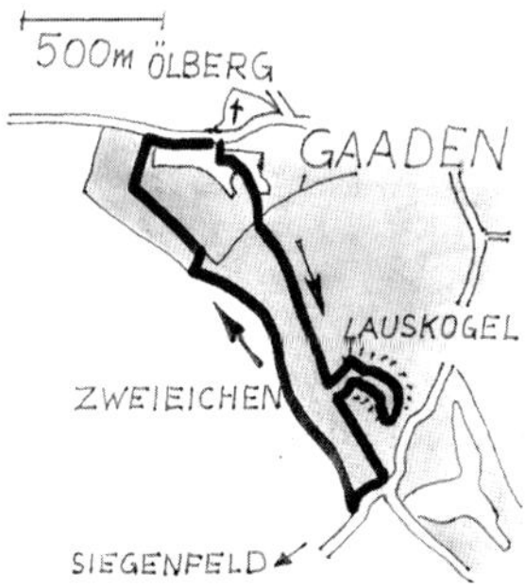

Blick vom Schloßberg Richtung Kreith – im Talboden (re. unten) der von Erlen gesäumte Lauf des Arnbaches

Blick aus der imposanten Arnstein-Höhle

23 RAISENMARKT 1.1.08

Über Wald und Wiesen zur Arnstein-Nadel

Dauer: 2 Stunden
Anstrengungsfaktor: 2
Kartenblatt: ÖK 57 Neulengbach
Bevorzugte Jahreszeit: Herbst
Genußfaktor: 5
Länge: 5,7 km
Höhenamplitude: 367–564 m

Ausgangspunkt der Wanderung ist, von Mayerling kommend, kurz nach der Kirche von Maria Raisenmarkt ein kleiner Parkplatz. Über eine schmale Straße, die hinter der Kirche ansteigt und in ein westwärts gerichtetes Tal führt, kommt man nach etwa 250 m am letzten Haus von Maria Raisenmarkt vorbei. Rechts fließt ein kleiner Bach, und hinter dessen Gehölzsaum liegt eine Pferdeweide, auf der vereinzelte Schwarz-Föhren stehen.

Das Tal wird enger, links steigen steile, von Buchen bewachsene Hänge an. Dort zweigt links der „Nordalpen Weitwanderweg 01" von der Wirtschaftsstraße ab. Man marschiert jedoch noch auf einer Strecke von etwa 750 m Länge auf der Wirtschaftsstraße weiter und folgt so dem Bachlauf in den Talboden, vorbei an einer Quellfassung mit umfriedetem Quellschutzgebiet. Im Gehölzsaum des Bächleins zwitschern Kohlmeisen, unten tummeln sich Bachstelzen, und hoch oben zieht ein Mäusebussard seine Kreise.

Auf den steilen, felsdurchsetzten Hängen des Berges auf der linken Seite wächst eindrucksvoller Buchen-Laubmischwald. Das Bächlein auf der rechten Seite liegt jetzt in einem tief eingeschnittenen Graben, und am Wegrand begleitet eine Staudenflur mit Brennnessel, Kohldistel, Beinwell, Bärenklau, Taubnessel, Beifuß und Roß-Minze den Wanderer.

Kurz danach führt der Weg aus dem Wald auf offenes Weideland hinaus und gibt den Blick auf das mäandrierende Bächlein im breiten Talboden frei. Fernab von Siedlungsgebiet darf sich hier der Bachlauf unbegradigt verschwenderisch durch die Landschaft schlenkern, und an den sich selbst überlassenen Ufern bilden Weiden, Eschen und Erlen den Saum zum umgebenden Weideland.

Blumenreiche Wiesen begleiten den Weg, der zu einer Überquerung des Gewässerlaufes führt. Dort fließt das Wasser in einem Rohr unter dem Wirtschaftsweg, und man befindet sich innerhalb des schattenspendenden Ufergehölzes. Eine Erle ist rundum von Efeu bewachsen, dahinter liegt der sumpfige Talboden mit dem Bächlein. Danach steigt der Weg in einer Linkskurve an und führt zu einem Holzlagerplatz mit Großer Klette, Wegwarte, Echtem Steinklee, Schafgarbe und am Wegrand Gänse-Fingerkraut.

Bald ist eine Wasserscheide in der Wald- und Wiesenlandschaft erreicht. Richtung Nordwesten ist ein Gehöft auszunehmen, und linker Hand liegt eine Kuppe, auf der fünf Lärchen stehen.

An dieser Stelle verläßt man den Wirtschaftsweg und biegt links, Richtung Südwesten, ab. Fachmännisch wird der Weidezaun geöffnet.

Nach kurzer Strecke über die ansteigende Viehweide gelangt man zum Waldrand und steht vor drei Wegen, die in den Wald führen. Man wählt den mittleren Weg, einen Hohlweg. Schiefrige, splittrige Sandsteinlagen sind an den Böschungen auszunehmen. Dort wächst auch der gewöhnliche Tüpfelfarn, in der Fahrspur Kleines Springkraut, Hexenkraut, Ruprechtskraut, Wald-Segge, Gewöhnliche Brunelle.

Weiter geht es durch Buchenwald und gegen den Waldrand zu wieder in den Eichen-Hainbuchen-Wald. Man gelangt darauf auf eine entlegene Viehweide mit einzeln stehenden Holzbirnen und einer kunstvoll geschmiedeten Tränke. Ein schmaler Pfad führt über die blumen- und insektenreiche Wiese und taucht dann in einen schattigen, hochstämmigen Buchenwald ein. Am unterwuchsarmen Laubboden sticht der immergrüne Lorbeerseidelbast hervor.

Weiter bergab führt der Weg an einem Maschendrahtzaun entlang, rechts darunter liegt eine Schafweide. Auf schmalem Pfad wird nun der Talkessel gequert; dort, wo der Waldrand erreicht wird, biegt man scharf links in einen bergab führenden Karrenweg ein.

An einem tief eingeschnittenen Graben macht der Karrenweg eine scharfe Linkskurve und führt parallel zur Schafweide, die man somit umrundet hat, den Waldrand entlang. Wenige Schritte nach dem unteren Ende der Schafweide verläßt man die geschotterte Forststraße und biegt nach rechts in einen ansteigenden Waldweg ein, der in hochstämmigen Buchenwald führt. Erst eine langgezogene Rechtskurve und dann Richtung Südosten in direktem Anstieg erreicht man nach ca. 300 m eine Weggabelung, wo man sich nach links, Richtung Nordosten, wendet und den zunehmend felsdurch-

setzten Steilhang quert. So erreicht man zunächst die Arnstein-Höhle und dann beeindruckende Felsgebilde, wobei man auf den markierten Wanderweg stößt.
Dabei folgt man der Markierung und macht knapp vor den ersten Mauerresten der Ruine Arnstein einen lohnenden Abstecher zur Oberkante der Felsen, wo sich neben einer Felsnadel eine prächtige Fernsicht über die Wienerwaldlandschaft auftut.
Der Abstieg führt unterhalb der Burgreste nahe der Kammlinie entlang, steigt zu einer Felsrippe kurz an; danach hält man sich an einer Weggabelung links und verläßt so den markierten Weg. In annähernd südlicher Richtung führt ein Forstweg am Osthang bergab, und ca. 800 m nach der Abzweigung trifft man auf eine Viehweide. Nach einer scharfen Kehre nach links, Richtung Norden, quert der Weg nach etwa 200 m mit tiefen Spurrinnen einen feuchten Graben. Rechter Hand begleitet eine Föhrenaufforstung ca. 30 m lang den Weg, danach folgt eine Wegkreuzung mit einer hohen Esche. Man behält die Richtung gegen Norden bei, und nach etwa 70 m biegt man rechtwinkelig zunächst in der Fallinie bergab ein und dann wieder nach Norden. Bald quert man eine Forststraße und erblickt die ersten Häuser von Maria Raisenmarkt. Ca. 300 m vom Waldrand oberhalb einer Wiese gelangt man wieder auf die Asphaltstraße und kehrt in Richtung Kirche zum Parkplatz zurück.

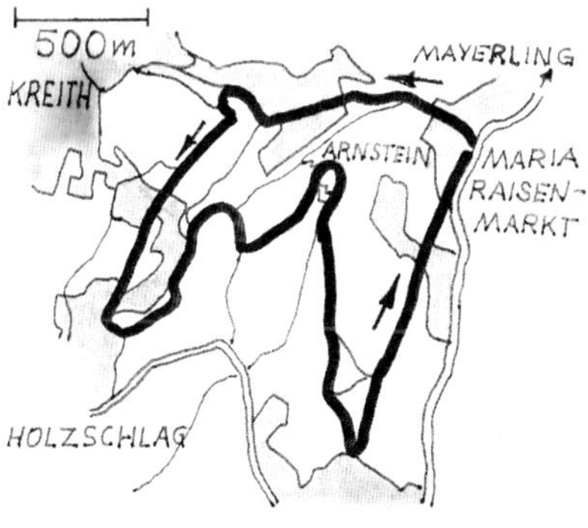

Schwarzföhrenwald am
Pfaffstättner Kogel

Fast wie Mehlstaub überzieht der f
Sand das Gestein der Elfenhöh

Abendstimmung von der Klesheim-Warte
am Gipfel des Pfaffstättner Kogels

24 EINÖDE – PFAFFSTÄTTNER KOGEL – HEBERLBERG

Niemals öde, sondern äußerst abwechslungsreich mit Höhlen, Ausblicken und Weingärten, deren Endprodukte man in den nahe gelegenen Buschenschenken verkosten kann.

Dauer: 4 Stunden
Anstrengungsfaktor: 4
Kartenblatt: ÖK 58 Baden
Bevorzugte Jahreszeit: Frühling, Herbst
Genußfaktor: 1
Länge: 7 km
Höhenamplitude: 250–541 m

Die Einöde bei Pfaffstätten, am Talausgang zwischen Hühnerberg und Pfaffstättner Kogel, ist eine Straßensiedlung, das heißt, ursprünglich hat nur jeweils eine einzeilige Häuserreihe die Straße gesäumt.
Ausgangspunkt der Wanderung ist ein Parkplatz am westlichen Ende des Ortsgebietes. Die markierte Forststraße Richtung Großes Kiental und Rudolf-Proksch-Hütte führt an einem Bauernhof vorbei, wo schnatternde Gänse und Hühner frei umherlaufen, und über einen leicht ansteigenden Unterhang mit Schwarzföhrenwald geht es dann bergauf. Einigen Schwarzföhrenstämmen haben die Pecher einst zur Harzgewinnung die Rinde halbseitig geschält. Immer wieder trifft man im Lauf der Wanderung auf derart „geharzte“ Schwarzföhren.
Nun wird ein Steilstück auf gut befestigtem Steig in Serpentinen überwunden, und die Dolomitfelsen kündigen die nahenden Höhlen an. In Felsspalten vor dem Eingang der ersten der beiden Höhlen, der Elfenhöhle, wurzeln der Grau-Leuenzahn und die Herzblättrige Kugelblume. Man sollte sich mit einem Blick von außen in den Höhlenraum begnügen, denn die Fledermäuse wollen ungestört bleiben.
Zur zweiten Höhle führt der markierte Steig durch Dolomit-Schwarzföhrenwald mit Flaum-Eichen, Warzen-Spindelstrauch, Felsenbirne und Rotem Hartriegel. So gelangt man zur größeren Höhle, der Einödhöhle, die einen Rastplatz auf einer aufgeschütteten, ebenen Terrasse davor besitzt. Eine Informationstafel bietet detailreiche Beschreibungen beider Höhlen. Ob es sich um Brandungshöhlen handelt, oder ob die Höhlen nicht doch unter Einwirkung von Karstwässern entstanden sind? In der Umgebung gibt es noch weitere, jedoch viel kleinere Höhlen und eine als Keller erweiterte Höhle auf dem Privatgrund

des Einödwirtshauses. Anschließend geht es den Steig Richtung Osten bergab und dann das Kleine Kiental hinauf, um nach Überwindung von 180 Höhenmetern den Gipfel des Pfaffstättner Kogels mit Schutzhütte und Aussichtswarte zu erreichen. Von der Klesheim-Warte hat man einen weiten Ausblick über das Wiener Becken. Mit dem Anninger im Rücken liegt rechts der Hohe Lindkogel, vor einem der Ort Pfaffstätten und links, am Beckenrand, der Eichkogel. Unterhalb, von Weingärten gesäumt, liegt der Heberlberg, der das nächste Ziel darstellt.

Man verläßt die Terrasse der Rudolf-Proksch-Hütte und steigt durch Mischwald in der Fallinie vom Gipfel auf rot-weiß-rot markiertem Weg Richtung Gumpoldskirchen ab. 180 m nach dem Queren der Schneise einer Erdöl-Produktenleitung verläßt man den markierten Weg und wandert im Graben ungefähr 500 m weit bergab. Dort beginnt sich der Wald am Steilhang links oberhalb der Grabensohle zu lichten: nun ist der Heberlberg erreicht und man bahnt sich einen Weg zur waldfreien Südflanke.

Der genannte Berg mit seinem Vegetationsmosaik aus Trockenrasen, Trockenwiesen und Trockengebüsch steht unter Naturschutz und gliedert sich in eine Reihe von wertvollen Naturräumlichkeiten entlang der „Thermenlinie". Das unter dieser Bezeichnung bekannte Gebiet geologischer Bruchlinien am Ostrand der Alpen gegen das Wiener Becken hat seinen Namen von den dort auftretenden Thermalquellen erhalten. Die süd- bis südostexponierten Hanglagen der niederschlagsarmen Gegend erwärmen sich stark, und wärmeliebende Pflanzen, die Trockenheit ertragen können und an die sommerliche Hitze angepaßt sind, besiedeln die Steilhänge oberhalb der Weingärten. Pflanzen, die sich hier einfinden, sind vielfach nicht allgemein in Mitteleuropa verbreitete Arten, sondern haben ihren Verbreitungsschwerpunkt in der pannonischen Tiefebene, etwa wie Große Kuhschelle, Pannonische Karthäuser-Nelke und Visiani-Lotwurz, oder in der submediterranen Region, z. B. Gelb-Lauch, Goldschopf-Aster, Nadelröschen oder Österreichische Schwarzwurzel. Aus Platzgründen können natürlich nur einige wenige Pflanzen des artenreichen Naturschutzgebietes aufgelistet werden. Im Rahmen einer Diplomarbeit an der Universität für Bodenkultur wurde die dortige Vegetation genau beschrieben sowie eine Vegetationskarte erstellt (G. Reichenberger, 1990); ein Kapitel über den Heberlberg liefert R. Fischer (1995).

Nach Besichtigung des Heberlberges geht es wieder in den Graben hinunter und über einen Hohlweg zum Rand der Weingärten. In einen Wirtschaftsweg biegt man links ein und gelangt nach wenigen Metern zu einer Wegkreuzung, wo mehrere, circa 1 m hohe, eisenummantelte Betonpfeiler in einer Reihe stehen. Sie markieren die unter den Füßen dahinführende Erste Wiener Hochquellenwasserleitung.
Man folgt nun der Trassenführung 250 m weit, danach biegt man bei einem Rastplatz rechts in einen Wirtschaftsweg ein, flankiert die links liegende Anhöhe mit Flurnamen „Sattel“ und biegt dann wieder in die Trasse der Ersten Wiener Hochquellenwasserleitung ein. Hier werden dem Besucher durch Informationstafeln die Besonderheiten der umgebenden Tier- und Pflanzenwelt sowie Geschichtliches über die Stätte der Pfaffen (Pfaffstätten) nähergebracht.
Ca. 20 m nach einem Wartungshäuschen mit der Nummer 39 biegt man nach rechts in einen ansteigenden Hohlweg mit blauer Markierung Richtung West-Nordwesten ein und erreicht nach etwa 650 m den Waldrand. Kurz danach begleitet den Wanderer anstehender Fels mit kleinflächigem Trockenrasen: Hier gedeihen Herzblättrige Kugelblume, Pfriemengras, Große Kuhschelle, Österreichische Schwarzwurzel und Goldschopf-Aster.
Nun geht es an einem letzten Anwesen, „Pfaffstätten 443; Am Berg“, vorbei. Nach ca. 10 m gabelt sich der Weg, man hält sich rechts. Nach etwa 20 m quert ein Wanderweg, in diesen biegt man nach links ein, kommt an einem idyllischen Rastplatz vorbei und danach durch Flaumeichenwald zu einer artenreichen, verbuschenden Trockenwiese. Dort findet sich im zeitigen Frühjahr neben der Großen Kuhschelle auch das gelbblühende Frühlings-Adonis. Durch Schwarzföhrenwald geht es wieder zurück zu der Einöde hinunter.

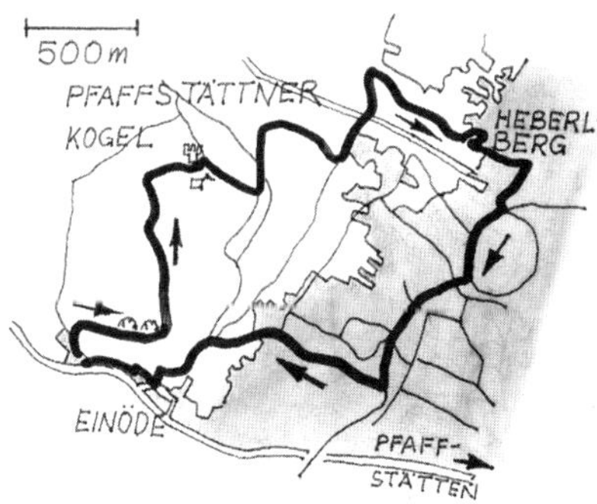

Bemooste Felsblöcke ragen bei niedrigem Wasserstand aus der Schwechat

Überdachter Fußweg hinter dem Hotel Krainerhütte über die Schwechat ins Helenental

25 BEETHOVENS IDYLLE

Auf dieser Wanderung kann man nicht nur eindrucksvollen Persönlichkeiten begegnen, wie etwa dem Musikgenie Beethoven, sondern auch gigantischen Baumgestalten – sicher haben sie einander schon damals gekannt.

Dauer: 4 Stunden
Anstrengungsfaktor: 2
Kartenblatt: ÖK 58 Baden
Bevorzugte Jahreszeit: Frühling – Herbst
Genußfaktor: 3–5
Länge: 6,8 km
Höhenamplitude: 246–386 m

Durch das Helenental führt eine stark befahrene Straße, entsprechend hoch ist auch der Verkehrslärm. Es empfiehlt sich daher, für die Wanderung einen Sonn- oder Feiertag zu wählen, um dem Verkehrslärm der großen Lastkraftwagen zu entkommen. Das kann den Genußfaktor erheblich erhöhen.
Ausgangspunkt ist die Autobushaltestelle im Helenental an der Abzweigung Rosental, wo der Purbach in die Schwechat mündet. 30 m südöstlich der Haltestelle gibt es auch Parkmöglichkeiten.
Man flüchtet am besten über die Straße und erreicht gleich hinter dem Waldrand einen Weg. Dort überquert man die aus dem Rosental einmündende Straße und trifft auf den markierten Badener Steig, der auf den Schwarzberg führt. Oberhalb der Straßenböschung gibt eine Schautafel über Landschaftsentstehung, Vegetation, Klima, Besiedlungsgeschichte und Waldnutzung Auskunft.
Der Steig führt an Schwarz-Föhren vorbei, deren Stämme zur Harznutzung teilweise entrindet wurden. Derart „geharzte" Schwarz-Föhren trifft man immer wieder an. Einige Buchen fallen durch besonders dikke Stämme auf, das mag mit der ungünstigen Bringungsmöglichkeit am steilen Hang zusammenhängen, denen sie ihr langes Leben verdanken. Im Unterwuchs finden sich Leberblümchen, Waldmeister, Wald-Bingelkraut, Zyklamen, Reichenbachs Veilchen und Primeln.
Es geht nun in Serpentinen bergauf, und dann am Fuß einer imposanten, fast zehn Meter hohen Felswand entlang. Die Felspartien aus Dachsteinkalk setzen sich von hier circa 300 m weit gegen West-Nordwesten fort und sind als „Badener Kletterschule" bekannt. Der

blau markierte Steig führt zwischen zwei Felswänden den Schwarzberg hinauf, aber bald ist der steile Anstieg überwunden. Über einige Steinstufen gelangt man in den Gipfelbereich. Hier wächst der Schwarze Germer (siehe Wanderung Nr. 17). Man nähert sich nun der dem Helenental zugewandten Südflanke des Schwarzberges und kann an der Oberkante der Felspartie von einer gesicherten Kanzel aus das Helenental überblicken. Interessante Details erfährt man auch hier wieder an einer Kulturwanderweg-Informationstafel.

Es geht weiter auf blauer Markierung Richtung Krainerhütte. Buchen, Rot-Föhren und Eichen bilden den Waldbestand, und auffallend viele Vögel sind hier zu bestaunen: Kohlmeise, Blaumeise, Kleiber, Buchfink, Amsel, Wacholderdrossel, Buntspecht und Mäusebussard.

An der Oberkante einer Schlagfläche trifft man auf eine Forststraße, in die man nach rechts einbiegt. Nach 160 m gabelt sich die Forststraße, hier hält man sich rechts. Bald umgibt den Wanderer ein an Baumarten reicher Hochwald mit Buche, Hainbuche, Esche, Spitz-Ahorn, Vogelkirsche, Rot-Föhre, Schwarz-Föhre, Lärche u.a.

Am höchsten Punkt der Rundwanderung ändert sich der geologische Untergrund: In Dolomitbreccie des Badeniums ist hier Hauptdolomit zwischengeschaltet, und die südostexponierte Lage tut das ihrige dazu, um eine wärmeliebende Vegetation zu begünstigen. Hier gedeihen Grau-Leuenzahn, Edel-Gamander, Ästige Graslilie, Sichelmöhre und Aufrechter Ziest. Oberhalb der Böschung, im Revier des Schwarzspechts, stockt Dolomit-Schwarzföhrenwald mit Kalkblaugras-Rasen. Danach geht es die Forststraße bergab, bald befindet man sich wieder über Dolomitbreccie. Nach 350 m fällt rechts ein alter Eichen-Bestand auf: der geologische Untergrund hat sich abermals gewandelt, hier treten Sandsteine der Lunzer Schichten auf.

In einer Rechtskurve erreicht man den Sattel zwischen Kleespitz und Burgstall, danach breitet sich das Tal der Schwechat aus. Hier befindet sich die Krainerhütte, die ursprünglich von Holzknechten aus Krain errichtet wurde, heute aber ein Nobelhotel ist. Oberhalb des Hotels ragen die Felszinnen der Steinwand empor. Bald erreicht man die Straße, überquert sie und wandert den Parkplatz der Krainerhütte entlang. Am anderen Ende hält man sich unter großen Linden links und gelangt auf eine Wiese. Ein kleiner Pfad führt zu einem überdachten Fußsteg über die Schwechat.

Kurz geht es an der Rückseite der Wirtschaftsgebäude entlang, dann ist das Ufer der Schwechat erreicht. Bemooste Felsblöcke ragen bei niedrigem Wasserstand aus dem Fluß. Der Lauf der Schwechat windet sich zwischen Burgstall im Norden und Hohem Lindkogel im Süden. An der äußersten Stelle der Flußschleife, kurz nach dem Wendepunkt der Linkskrümmung, säumt ein bemooster Dolomitfels, der Beethovenstein, den Weg. An diesem Fels ist eine Gedenktafel mit einem Relief des jüngeren Beethoven angebracht, der hier gerne verweilt hat. Neben Ruprechtskraut sind es hauptsächlich Algen, Flechten, Moose und Farne, die den Beethovenstein besiedeln: Stockwerkmoos, Spaltzahnmoos, Verdünntästiges Trugzahnmoos, Grünstieliger Streifenfarn und Mittlerer Tüpfelfarn gedeihen hier.

Zwischen Beethovenstein und der Schwechat liegt eine kleine Hainbuchen-Au, eine seltene Auwald-Ausprägung. Angeschwemmtes Treibholz zeugt von Überflutungen, der sandige Boden ist weich und locker. In der Krautschicht findet sich Giersch, Haselwurz, Lungenkraut und Efeu.

Auf der weiteren Wegstrecke passiert man die Cholerakapelle und dann eine denkmalgeschützte Schwarz-Föhre mit dem gewaltigen Stammdurchmesser von 1,3 m. Nun führt die Wanderung am Hangfuß des Talbodens weiter. Man verläßt das Ufer der Schwechat, deren Lauf im breiter werdenden Talboden dahinschlängelt, dabei säumen annähernd 30 m hohe Buchen den Weg.

Kurz nach dem Waldrand steht rechts eine Buche mit einem Stammdurchmesser von fast 1,5 m. Ein seltsames Gebilde entwächst ihr seitlich aus dem Stamm, als ob ein gehörnter Kobold am Kopf einer Gottesanbeterin reiten würde.

Nach knapp 1 km erreicht man den Fußsteg über die Schwechat und gelangt zur Straße und somit zum Ausgangspunkt der Wanderung zurück.

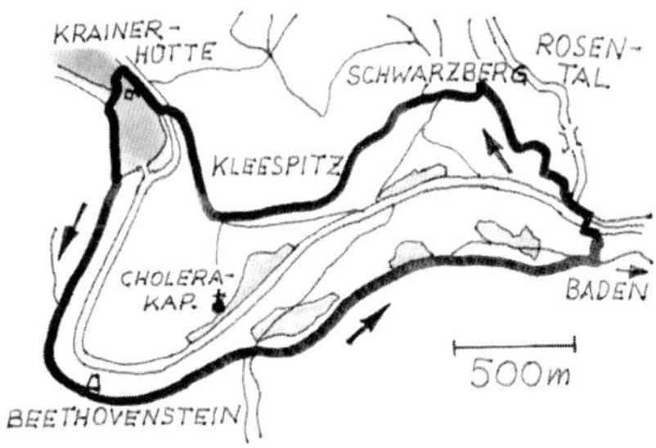

Idyllische Landschaft und farbenprächtige Flora machen den Wienerwald als Naherholungsgebiet so attraktiv!

WEITERFÜHRENDE LITERATUR

ADLER, W. et al. (1994): Exkursionsflora von Österreich. Stuttgart, Wien.

ADLER, W., A. MRKVICKA & T. ZUNA-KRATKY (1997): Naturwanderführer Wien. Wien

ARNBERGER, E & R. WISMEYER (1952): Ein Buch vom Wienerwald. Wien.

ARNOLD (1785): Reise nach Maria Zell in Steyermark. Wien.

AUER, I. (1987): Mesoskalige Niederschlagstrenduntersuchungen im Raum Wienerwald, Wien und Marchfeld. Wetter und Leben 39: 186–198.

BAUMGARTNER, B. & K. OSWALD (2000): Naturerlebnis Niederösterreich: Landschaft-, Botanik-, Geologie-Wanderführer. St. Pölten.

BITTERMANN, W., G. DESBALMES (Red.) et al. (1993): Eichenwald. Ein Lebensraum mit Zukunft? Katalog zu einer Sonderausstellung im Niederösterreichischen Landesmuseum. Neue Folge 320. Wien.

BOUCHAL, R. & W. KALCHHAUSER (2002): Geheimnisvoller Wienerwald. Wien – Graz.

EHRENDORFER, F. & F. STARMÜHLNER, (Red., 1970): Naturgeschichte Wiens. Band 1–4. Wien.

ELLENBERG, H. (1982): Vegetation Mitteleuropas mit den Alpen. 3. Auflage. Stuttgart.

FISCHER, R. (1995): Blütenpracht am Ostsaum der Alpen. Bad Sauerbrunn.

Ders. (2004): Blütenvielfalt im Pannonikum. München.

FOELSCHE, G., M. A. Fischer & W. GERDENITSCH (2002): Blütenparadies Eichkogel. Budapest u. Schwarzach.

Ders. (2000): Ererbtes schützen und für die Zukunft bewahren! Medilihha; Schriftenreihe des Bezirks-Museums-Vereines Mödling, Nr. 130. Mödling.

GRABHERR G. et al., (Red. 1993): Die Pflanzengesellschaften Österreichs. Band I–III. Jena – Stuttgart – New York.

GRUND, A. (1901): Die Veränderungen der Topographie im Wienerwalde und Wiener Becken. Geogr. Abh. 8. Wien.

HADER, F. (1953): Der Wienerwald als Wetterscheide. (Eine witterungsklimatologische Studie.) Wetter und Leben 5: 152–160. Wien.

HALAMA, D. (2003): Das obere Wiental in alten Ansichten (1858–1918) Heimat Verlag, Bruck/Leitha.

HALBRITTER, H. & R. STINGL (2004): Gelber Lauch und Zyperngras. Eine botanische Heimatkunde von Bad Vöslau, Gainfarn und Großau. Bad Vöslau.

HÄRTEL, O. (1936): Pflanzenökologische Untersuchungen an einem xerothermen Standort bei Wien. Jahrb. Wiss. Bot. 13: 1–59. Leipzig.

HOLZNER, W. (Red., 1986): Österreichischer Trockenrasenkatalog. Grüne Reihe d. Österr. Bundesmin. für Gesundheit und Umweltschutz. Wien.

HOLZNER, W. et al. (1995): Wienerwaldwiesen. Studie zur Problematik der Erhaltung von Wiesen und Weiden im Bereich des Wienerwaldes. Im Auftrag des Vereins „Niederösterreich – Wien".

HOLZNER, W., K. SÄNGER et al. (1997): Steppe am Stadtrand. Ein kundiger Begleiter durch das Naturreservat Perchtoldsdorfer Heide. Grüne Reihe des Bundesministeriums für Umwelt, Jugend und Familie, Band 9. Graz.

HUNDT, R. & E. HÜBL (1983): Pflanzensoziologische, pflanzengeographische und landeskulturelle Aspekte des Filipendulo-Arrhenateretum im Wiener Wald. Tuexenia 3: 331–342.

INITIATIVE ÖSTERREICH 2025: Die Schwarzkiefer. Die 1. Geige am Alpenostrand – der Baum des Jahres 2000. Eine Aktion des Kuratoriums „Rettet den Wald" in Kooperation mit dem Bundesministerium für Land- und Forstwirtschaft, Umwelt und Wasserwirtschaft. Wien.

ISDA, M. (1984): Bemerkungen zur Ökologie und Verbreitung der Corydalis-Arten am niederösterreichischen Alpenostrand. Verh. Zool.-Bot. Ges. Österreich Nr. 122: S. 7–15. Wien.

JANCHEN, E. (1977): Die Flora von Wien, Niederösterreich und Nordburgenland. 2. Auflage. Wien.

JELEM, H. (1961): Standortserkundung Hoher Lindkogel, Schwarzföhren-Kalkvoralpen. Forstl. Bundesversuchs-Anst., Inst. f. Standortskunde, Heft 4.

JELEM, H. & K. MADER (1969): Standorte und Waldgesellschaften im östlichen Wienerwald.-Forstl. Bundesversuchs-Anst., Inst. f. Standortkunde, 24 (1): 207 S., (2): Karten usw., (3): Bildband. Wien.

Dies. (1972): Der Wienerwald. In: F. EHRENDORFER & F. STARMÜHLNER (Red.): Naturgeschichte Wiens 3: 6–43. Wien.

KARRER, G. (1985): Waldgrenzstandorte an der Thermenlinie (Niederösterreich). Stapfia 14: 85–103.

KNAPP, R. (1944): Vegetationsaufnahmen von Wäldern der Alpenostrand-Gebiete. Einführung, Teil 2 Wärmeliebende Eichen-Mischwälder (Quercetalia pubescentis sessiliflorae), Teil 4 Buchenwälder der niederen Bergländer (Fagetum sylvaticae 2), Eschen-Ahorn-Schluchtwälder (Acereto-Fraxinetum), Teil 5 Eichen-Hainbuchen-Mischwälder (Querceto Carpinetum). Halle (Saale).

LANG, H. P. (1967): Grundlagen zur Baumartenwahl im Vorderen Flysch-Wienerwald. Diss. Hochschule Bodenkultur. Wien.

LAZOWSKI, W. (2002): Der Wienerwald als Naturraum. In: RAMHARTER, J.: G'schichten aus dem Wienerwald. Katalog zur Ausstellung in der Kartause Mauerbach. Neue Folge Nr. 439. St. Pölten.

MARCHTRENKER, R. (1978): Die Flora der Umgebung von Maria Anzbach und Altlengbach sowie des Hasenriegelzuges. Hausarbeit aus Biologie und Umweltkunde. Botanisches Institut Univ. Wien.

MARINER, F. (1960): Die Formen der Landschaft und ihre Entstehung. In: Bezirksmuseumsverein Mödling und Arbeitsgemeinschaft der Lehrer des Bezirkes Mödling (Hrsg.): Heimatbuch für den Bezirk Mödling 1959/60: 17–29. Wien.

Ders. (1975): Das Werden der Landschaft. In: Stadtgemeinde Mödling: Mödling, Landschaft, Kultur und Wirtschaft: 9–20. Mödling.

MERIAN Schriftenreihe (1966): Der Wienerwald. Heft, 9. Folge XIX. JG. vom Sept. 1966

NIEDERÖSTERREICHISCHESS LANDESMUSEUM (Hrsg.), (2002): Natur im Herzen Mitteleuropas. St. Pölten.

NIKLFELD, H. (1966): Zur Vegetationsverteilung am Alpen-Ostrand bei Wien. Angew. Pflanzensoziol. (Wien) 18/19: 211–219.

ORGANISATION der INT. WIENERWALD-WANDERUNG u. FREMDENVERKEHRSVEREIN MÖDLING (1986): Wienerwald Schöffel Wander-Weg 46. Band 12 der Schriftenreihe der OdIWW. Wien.

PFEFFER, I. (1981): Die Grünlandvegetation der Niederösterreichischen Voralpen. Diplomarb. Univ. Bodenkultur. Wien.

PLÖCHINGER, B. & PREY, S. (1993): Der Wienerwald. Sammlungen geologischer Führer 59. 2. Auflage. Berlin – Stuttgart.

PREWEIN, Ch. (1996): Floristische Feinkartierung im Grenzbereich zwischen Flysch- und Kalk-Wienerwald (Raum Breitenfurt – Heiligenkreuz). Diplomarbeit Univ. Wien.

REDL, W. (1975): Flora und Vegetation. In: Stadtgemeinde Mödling: Mödling, Landschaft, Kultur und Wirtschaft. 25–36. Mödling.

REICHENBERGER, G. (1990): Das Naturschutzgebiet Glasauterriegel-Heferlberg. Diplomarb. Univ. Bodenkultur Wien.

RIEDER, A. (2002): Der Wienerwald. Natur, Geschichte und Kultur einer einzigartigen Landschaft. Wien.

ROSENKRANZ, F. (1928): Die Esche (Fraxinus excelsior) auf den Bergen des Wienerwaldes. Österr. Bot. Z. 77: 280–284.

Ders. (1929): Der Anninger. Eine botanische Wanderung. Wien.

SCHACHINGER, A. (1934): Der Wienerwald. Eine landeskundliche Darstellung. Forsch. Landesk. Niederösterreich 1/2. Wien.

SCHMIDL, A. (1835): Wiens Umgebungen auf zwanzig Stunden im Umkreise. Dritter Band. Wien.

SEKTION BADEN und SEKTION WIENERWALD des ÖSTTERREICHISCHEN TOURISTENKLUBS (2002): Aussichtswarten im Wienerwald. Wien.

TISCHLER, R. (1994): Die räumliche Differenzierung der Flora des Flysch-Wienerwaldes auf Grund des geologischen Untergrundes. Diplomarb. Formal- und Naturwiss. Fak. Univ. Wien.

TOLLMANN, A. (1967): Ein Querprofil durch den Ostrand der Alpen. Eclogae Geol. Helv. 60. Basel.

Ders. (1985): Geologie von Österreich. Band 2 Außerzentralalpiner Anteil. Wien.

TRUMLER, G. (1985): Das Buch vom Wienerwald. Landschaft – Kultur – Geschichte. Wien – München.

VÖTH, W. (1987): Ergebnis fünfundzwanzigjähriger Beobachtung der Orchideen-Populationen im Bezirk Mödling (Niederösterreich). Linzer Biol. Beitr. 19: 121–193.

WAGNER, H. (1941): Die Trockenrasengesellschaften am Alpenostrand. Eine Pflanzensoziologische Studie. Denkschr. Akad. Wiss. Wien, Mathem-Naturwiss. Kl. 104. Wien.

WEIGL, H. & F. EHEIM (1973): Die Ortsnamen in Niederösterreich. Wiss. Schriftenr. Niederösterreich 1. St. Pölten / Wien.

WENDELBERGER, G. (1963): Die Relikt-Schwarzföhrenwälder des Alpenostrandes. Vegetatio 11: 265–287.

WILLNER, W. (1995): Status, Verbreitung und Ökologie der Eschendominierten Waldgesellschaften auf den Bergen des Wienerwaldes. Diplomarb. Univ. Wien.

ZIMMERMANN, A. (1972): Pflanzenareale am Niederösterreichischen Alpenostrand und ihre florengeschichtliche Deutung. Diss. Bot. 18: 1–199. Vaduz.

ZUKRIGL, K. (1973): Montane und subalpine Waldgesellschaften am Alpenostrand unter mitteleuropäischem, pannonischem und illyrischem Einfluß. Mitt. Forstl. Bundes-Versuchsanst.